Wenda Focke Das Unfassbare hat ein Gesicht

Wenda Focke

Das Unfassbare hat ein Gesicht

Überlegungen
zu
(Un)Menschlichkeit, Verletzung und Kreativität

Hartung-Gorre Verlag Konstanz

Druck und Bindung BoD GmbH, Norderstedt

Bibliografische Information Der Deutschen Bibliothek
Die Deutsche Bibliothek verzeichnet diese Publikation in der Deutschen Nationalbibliografie; detaillierte bibliografische Daten sind im Internet über < http:/ dnb.d-nb.de_> abrufbar.

Erste Auflage 2022

HARTUNG-GORRE VERLAG
KONSTANZ

ISBN-10: 3-86628-761-3
ISBN-13: 978-3-86628-761-7

Inhalt

Allen Kindern dieser Welt gewidmet,
die verletzt, misshandelt
und missbraucht wurden
und werden

Ein Wort vorab

Alle Probleme des Menschen anzusprechen oder gar lösen zu wollen, ist schlicht unmöglich. Dennoch: *Alles Leben ist Problemlösen*, schrieb *K. Popper* noch im Alter, quasi als Fazit eines langen Lebens. Nur eben nicht das Lösen *aller* Probleme. Bereits die uns täglich umgebenden würden, als Wort gedruckt, den Planeten mehr als einmal umspannen.
Die hier festgehaltenen Überlegungen betreffen vor allem *Kinder*, ihr Leid wie ihre Erinnerung daran, und möchten aufzeigen, wie gesellschaftlich ungeschützt Kinder in dieser Welt, selbst in einer Demokratie, noch immer leben. Gewiss, auch Erwachsene sind vor Verletzung und Leid nicht gefeit, ebenso wenig vor den später oft zurückbleibenden und ein Leben lange schmerzenden Traumata.
Dass ein Mensch sein Leid und seine Traumata in kreative und kunstvolle Formen transformieren kann, bleibt ein Wunder des Lebens, denn er kann auch daran zerbrechen. Der Begriff *Kreativität* bezieht sich dabei keineswegs nur auf *Kunst*. Überleben und wieder leben, wieder lachen, atmen, wieder lieben und vertrauen können, sind kreative Äußerungen der Lebenskunst eines Menschen. Sind sein „Trotz allem".

Die nachfolgenden drei Essays gehen diesen Gedanken nach. Im 1. Beitrag stehen das Leid und die Schutzlosigkeit von Kindern im Mittelpunkt. Kinder, die in die Obhut von Erwachsenen gegeben, misshandelt oder missbraucht wurden/werden, Kinder, die Verfolgung und Krieg erleben mussten/müssen, diese Kinder sind ebenso die Zukunft ihrer Gesellschaft wie jene, die beschützt und behütet aufwachsen. Alle Kinder haben ein Recht auf Liebe, Lernen, Schutz und Geborgenheit.

In 2. Kapitel geht es um die geradezu banale, dennoch ernüchternde Erkenntnis, dass der *Mensch* Hauptverur-

sacher menschlichen Leides ist, wobei weder die Exstenz Gottes oder irgendeines Gottes in Frage gestellt wird, noch wird der Mensch entschuldet, der oft allzu gern für sein Versagen oder sein Vergehen einen *Schuldigen* sucht.
Es wäre geradezu ein Quantensprung des menschlichen Bewusstseins, sich als Mensch selbst erkennen und danach handeln zu *wollen*. Auch wenn nicht einfach zu erreichen, sind selbst kleine Schritte hierzu *ein* nicht unwesentlicher Beitrag, etwa den Schutz von Kindern wie den des Menschen allgemein in freier Entscheidung, also ohne Gesetz, zu *wollen* und zu gewährleisten. Wahrscheinlicher ist es, dass dieser Weg zunächst wohl nur über klare Gesetze nötig sein dürfte.

Im 3. Beitrag wurde ein Ausspruch von *Amos OZ* zum Anlass, das Thema von Wunde, Trauma und Kreativität erneut aufzugreifen. *Oz* bezieht seine Worte auf den Schriftsteller, ausgehend von *S.J. Agnon*. Ob sie auch für andere Formen der Kunst oder gar generell für innere menschliche Verletzungen gelten, diesen Gedanken geht der Essay in etlichen Beispielen nach.

Alle drei Texte stellen *keinen* Versuch dar, das *Unfassbare* eindeutig erklären zu wolle; denn Leid ist, wie Liebe, wie Menschen selbst, nicht vergleichbar. *Gott lässt es regnen über Gerechte und Ungerechte.* Denn es gibt keinen Menschen, der eindeutig nur das eine oder nur das andere ist. In der Bibel hätte also ebenso gut stehen können: *Gott lässt es regnen über alle Menschen*. Offensichtlich urteilt Er nicht.
Innerer Anstand, menschliche Vernunft und Empathie sind somit *Aufgabe* jedes Menschen, will er in Frieden und Geborgenheit leben, wie schwer ihm diese auch fallen mag.

1. Wer ein Kind verletzt, gibt die falsche Antwort

Von den Kindern

Eure Kinder sind nicht eure Kinder.
Sie sind die Söhne und Töchter der Sehnsucht des Lebens
nach sich selbst.
Sie kommen durch euch, aber nicht von euch.
Und obwohl sie mit euch sind, gehören sie euch doch nicht.
Ihr dürft ihnen eure Liebe geben, aber nicht eure Gedanken.
Denn sie haben ihre eigenen Gedanken.
Ihr dürft ihren Körpern ein Haus geben, aber nicht
ihren Seelen.
Denn ihre Seelen wohnen im Haus von morgen,
das ihr nicht besuchen könnt, nicht einmal
in euren Träumen.
Ihr dürft euch bemühen, wie sie zu sein, aber
versucht nicht, sie euch ähnlich zu machen.
Denn das Leben läuft nicht rückwärts, noch verweilt
es im Gestern.
Ihr seid die Bogen, von denen eure Kinder
als lebende Pfeile ausgeschickt werden.

Khalil Gibran

a. Die falsche Antwort

Wer ein Kind schlägt, **wer ein Kind verletzt… gibt** eine falsche Antwort. Denn er nimmt sich das Recht, zu reagieren, ohne vorher zuzuhören.
Kinder leben in ihrer Welt, die viele Erwachsene längst vergessen zu haben scheinen. Auch sie lebten einst dort, jenseits der sachlichen Wirklichkeit der sie umgebenden Erwachsenen, lebten in ihrer oft noch verträumten, fantasiereichen Welt.
Kinder können irritieren, sind oft eine Herausforderung für Eltern. Sind Kinder dennoch wirklich das ersehnte Glück?
Sind Kinder wirklich der Segen und die erhoffte Freude?
Sind sie eine gesellschaftliche oder eine persönliche Habe und Aufgabe?
Bereits diese drei Fragen bergen emotionalen Sprengstoff.

Kinder werden in diese Welt gesetzt, ohne gefragt zu werden und landen dort, wo sie vielleicht nie sein wollten. Welches Baby wünscht es sich, in Armut und Elend aufzuwachsen, oft ohne Chance, vielleicht einmal eine Schule besuchen zu können oder zu dürfen?
Dennoch sind Kinder fast immer dankbar, beschützt und gepflegt zu werden, leben zu können, Liebe zu spüren, wie sporadisch manchmal auch. Sie fühlen sich ihren Eltern, Geschwistern, der Familie zugehörig.
Und sehr oft ein Leben lang verbunden und verpflichtet.
Für viele Kinder bleibt der geschützte Weg ins Erwachsenenalter ein Wunschtraum, der Weg, sich der eigenen Art und dem eigenen Wesen gemäß entwickeln zu können und zu dürfen. Denn sie werden oft früh erwachsen, tragen Verantwortung für Menschen, für die sie noch gar nicht verantwortlich sein können.
Doch auch, wer ein besseres Umfeld vorfindet, kann auf Prügel, Verletzungen, ja sogar sexuellem Missbrauch treffen.
Nicht immer sind Kinder eine ersehnte Habe.

Manche sind auf der Welt, weil man eben Kinder zu bekommen hat. Sind sie aber nicht dennoch originale Lebewesen, denen die Eltern Schutz, Liebe und gute Startchancen in ein eigenes Leben bieten sollten?

Wem gehören Kinder?
Diese Frage stellt sich spätestens in Kriegssituationen. Doch eben auch generell! Rechtlich gehören Kinder *zu* ihren Eltern, aber sie gehören ihnen nicht wie ihnen ein Auto oder ein Haus, eben ein Ding, gehört.
Eltern haben nicht das Rech, über sie zu verfügen. Wie auch kein Staat dies Recht hat, selbst wenn Diktaturen sich dieses Recht zumessen. Nicht nur ein Mensch, auch *ein Kind ist unverfügbar. Denn es ist ein Mensch.*

Etwa seit Mitte des 20. Jahrhunderts ist das Schlagen von Kindern untersagt. In der Schule wie überall, also nicht nur „im öffentlichen Raum".
Auch gibt es die *UN- Kinderrechtskonvention*, doch immer noch regelt kein eigenes Grundgesetz in Deutschland die Kinderrechte. Es gibt Menschenrechte, Frauenrechte, Ausländerrechte, aber keine *Kinderrechte*. Eine Begründung dafür findet sich bis heute nicht. Missbrauch, Misshandlung und Missachtung der UN-Konventionen geschehen jedoch sehr wohl. Nicht nur in Flüchtlingslagern weltweit.

Das Wort „züchtigen" war früher in aller Munde, denn aus Kindern sollten moralisch und sozial korrekte und angepasste Mitglieder ihrer Gesellschaft werden, keine „Schandflecken" einer Familie oder einer Gemeinschaft.
Geschah dies nach dem gängigen christlichen Motto:
„Wen Gott liebt, den züchtigt er"? Ob nun der Lehrer zuschlug oder der Vater, machte kaum einen Unterschied.
Im Erdenken von Strafen für Kinder ließen Pädagogen und Eltern durch die Jahrhunderte ihrer Fantasie freien Lauf.

Auch heute noch dürfte es genügend harte Bestrafungen geben, sicher oft hinter geschlossenen Haustüren.
„Kinder brauchen das!"
Ist das so? Wer hat das festgestellt?
Kinder brauchen einsichtige Grenzen, um sich entwickeln zu können. Keine Schläge, doch ebenso wenig übermäßige Liebe.
Nur weil früher - und auch heute noch - manche Männer ihre Frauen schlugen, gibt ihnen niemand das Recht überhaupt zu schlagen, weder eine Frau noch ein Kind, noch irgendeinen Menschen.
Bestrafen findet sich in vielen Lebensbereichen, nicht nur dem der Kinder, und ist sicher von Land zu Land von verschiedner Qualität.
Im diesem Essay geht es vor allem um die Frage nach den traumatischen Folgen von Verletzung, Misshandlung und Missbrauch bei Kindern.
Eine veränderte gesellschaftliche Einstellung zur Strafe könnte durchaus eine Auswirkung auf die Anzahl jugendlicher Delinquenten haben. Neue Erkenntnisse schaffen andere Formen des Zusammenlebens. Alte Denkstrukturen müssen nicht übernommen werden, nur weil es schon immer so war: „**Kinder** sind klein und wissen noch nichts!"
Kinder sind lernende Menschen, die ein exzellentes Körpergedächtnis besitzen.
Bereits früh machen sie Erfahrungen, für die sie häufig nur noch keine Worte kennen. Erinnerungen daran werden von Erwachsenen gern unterschätzt, wenn nicht gar geleugnet. Eine Gesellschaft ist jedoch in dem Maße lernfähig wie der Einzelne sich geistig entwickelt. Und zwar in jedem Alter, vor allem auch als Kind.
Das Thema *„Unverfügbarkeit"*, von der Philosophie neu *entdeckt* und von den Sozialwissenschaften aufgegriffen (H. Rosa), ist keine Erfindung, sondern benennt u. a. genau das, was das Verbot, Kinder zu schlagen und zu verletzen besagt.
Ein Kind ist unverfügbar. So wie ein Mensch dies ist.

Es ist essentiell für Kinder, dass die Erwachsenen mit ihnen sprechen und anstatt alles besser zu wissen, ihnen erst einmal zuhören. Das erfordert Zeit, Geduld und Liebe und ist nicht immer einfach.
Aber es schafft das Fundament einer sich stets erneuernden, demokratisch offenen Gesellschaft.

b. Hilflosigkeit und Demütigung

Ein Kind rennt über die Straße und stürzt dabei. Die Mutter ist heftig erschrocken, vielleicht hat sie einen winzigen Moment nicht aufgepasst. Anstatt das Kind aufzuheben und zu trösten, bekommt es eine Ohrfeige und vernimmt die Worte: **„Das machst du nie wieder!"**

Ein Kind hat eine schlechte Note in der Schule bekommen und versteckt sein Heft vor den Eltern. Als diese dahinter kommen, beginnt es zu weinen, da es sich schämt. Das Schimpfen des Vaters wird zum Gebrüll, je lauter das Kind weint. Als der Vater wütend auf den Tisch schlägt, erschrickt das Kind derart, dass es flüchten will. Der Vater langt zu und schon sitzt die Ohrfeige.

Es gibt unzählige ähnlicher Beispiele. Die Enttäuschung der Eltern, der mächtige Schrecken der Mutter - es sind Reaktionen der Erwachsenen auf ein Geschehen, das das Kind in erster Linie betrifft. Schrecken, Schmerz, Scham des Kindes wird gar nicht oder kaum wahrgenommen. Was zählt, ist der Schrecken oder die Enttäuschung der Erwachsenen. Dafür bekommt das Kind dann eine Schimpftirade oder eine Ohrfeige, wenn es glimpflich abläuft. Meist versteht ein Kind nicht, warum es auch noch geschlagen wird. Eltern waren doch auch einmal Kinder und haben gefragt, gefragt, gefragt und Fehler gemacht. Haben sie das vergessen? Sicher wiederholen sie in diesen Situationen der

Enttäuschung nur ein Familienmuster und reichen das weiter, was ihnen damals selbst widerfuhr.
Glücklich also für das Kind, wenn seine Eltern beide in einer liebe- und verständnisvollen Familie aufwuchsen.

Ein weiteres Beispiel aus nicht familiärem Umfeld.
Eine angehende Lehrerin hat in der ersten Klasse eine Märchenstunde gehalten, vor den gestrengen Augen des Schulrates, der ihre pädagogischen Fähigkeiten beurteilen, d.h., feststellen soll, ob sie für den Schuldienst und damit die Beamtenlaufbahn geeignet sei.
Nach Ablauf des Unterrichts stand sie neben ihm und wollte gerade die Stunde besprechen, als ein kleiner Junge sich an sie schmiegte und mit leuchtenden Augen sagte: „Das war wunderschön!“
Der Schulrat lächelte und unterstrich dieses Kompliment mit fast ebenso leuchtenden Augen. In diesem Moment kam ein zweiter Junge heran, aus einer sozial eher schwierigen Familie. Er mochte den Kleinen dort bei der Lehrerin nicht, zog seine Nase hoch und spuckte den Schleim und Rotz dem Kleinen mitten ins Gesicht.
Dreifaches Entsetzen. Bevor noch ein Wort fiel, hatte die Hand der Lehrerin dem Spucker eine kräftige Ohrfeige verpasst. Erschrocken beugte sie sich dann über das weinende Kind, half ihm erst einmal das Gesicht abzuwischen, entschuldigte sich im gleichen Atemzug beim Schulrat, wohl wissend, dass Schlagen in der Schule definitiv verboten ist. Sie hätte es in Kauf genommen, wenn er jetzt gesagt hätte: „Ungeeignet für die Schule!“ Doch der Schulrat schüttelte sich offensichtlich noch vor Ekel, als er leise sagte: „Das hätte ich jetzt auch gemacht!“
Wie schwer ist es, hier ein ruhiges Temperament zu bewahren und den Ekel herunterzuschlucken, den Schrecken unmittelbar in den Griff zu bekommen, das weinende Kind zu schützen und den Jungen, der grinsend weglief, mit einfachen, doch scharfen Worten zur Ordnung zu rufen. Die

angehende Lehrerin war gerade einundzwanzig geworden, der Schulrat mochte um die fünfzig sein.
Es war die falsche Antwort, sie wusste es.
Welche Antwort wäre die richtige gewesen?

Für vieles gibt es eine Erklärung, eine Entschuldigung: der Schock, die Unerfahrenheit der angehenden, jungen Lehrerin, und doch - es wäre sicher richtiger gewesen, den spuckenden Jungem festzuhalten und zu bitten, das Gesicht des Schulkameraden wieder zu reinigen. Ob das bei diesen beiden Sechsjährigen geklappt hätte, bleibt ohne Antwort, es wurde nicht probiert.
Die angehende Lehrerin hat sich am gleichen Tag noch bei dem Spucker entschuldigt, der ihr treuherzig erwiderte: „Es war schön, das Märchen. Zu Hause ist aber nie ein Märchen! Ich habe Hunger!"
Sie verstand seine hilflose Reaktion. Und gab ihm ihr mitgebrachtes Brot, bat ihn, sich bei dem anderen Jungen zu entschuldigen. Der kleine Angespuckte nickte nur, und Tränen standen in seinen Augen.
„Das machst du nie wieder!" sagte die junge Frau. „Versprochen?"
„Versprochen!" Die beiden Jungen reichten schweigend einander die Hand.
Ab jenem Tag nahm die Lehrerin immer eine extra Portion Essen für das hungrige Kind mit. Sie bestellte die Eltern ein, nur die Mutter kam. Und sie entschuldigte sich für ihren *verwahrlosten Rotzbengel.*

Den Verlauf der gesamten Situation teilte die junge Lehrerin dem Schulrat mit, der sie eine Woche später zu einem Gespräch in sein Büro gebeten hatte.
Das alles geschah um 1960, könnte aber auch heute noch passieren. Denn nicht überall gibt es einen Mittagstisch für mittellose Kinder. Auch heute nicht.

Kinder werden für vieles schneller bestraft als befragt, wobei die Strafe häufig das Gegenteil bewirkt. Statt Einsicht wächst oft Trotz. Hier seien so dumme Strafen genannt wie 100 Mal aufschreiben: „Ich darf nicht zu spät kommen!" Oder: „Ich darf meine Hausaufgaben nicht vergessen!"
Eine noch heute an manchen Schulen übliche Methode.
Lässt man Erwachsene, die keine Lust zum Staubsaugen oder Bügeln haben 100 Mal aufschreiben „Ich muss jede Woche 2 x bügeln." Oder: „Ich muss jede Woche staubsaugen"?
Die Antwort ist dann gern: „Ja, aber ein Erwachsener, das ist etwas anderes." Ist er eine andere Kategorie Mensch? Oder geht ein Strafender davon aus, dass Kinder die Dummheit, die beleidigende Leere dieser Strafe nicht erkennen oder begreifen? Könnten Lehrer nicht die Schüler nach dem Grund fragen und dann gemeinsam überlegen, wie der Unterricht „einladender" gestaltet werden könnte?

Kindern zu sagen, dass Süßigkeiten schlecht für die Zähne sind, was im frühen Alter meist Milchzähne betrifft, daher die Schokolade wegzuschließen, um sie später selbst zu verspeisen, geht von der Annahme aus, Kinder seien vergesslich. Was im Moment so aussehen mag, kann Wochen später eingefordert werden. Lügen sind meist die Antwort.
„Aber es war meine Schokolade!"
Wie sollte ein Kind nicht verletzt und empört sein?
Oder Schuldgefühle im Kind aufrufen, indem Eltern ihm bei schlechten Noten die Liebe entziehen und zwar in Wort und Tat. Warum sollte ein Kind aber nicht zur Nacht geküsst und umarmt werden, nur weil es eine schlechte Note in der Schule hatte? Eine Note ist doch kein Zeichen persönlich gemeinter Undankbarkeit oder Lieblosigkeit.

Eine Klasse zu wiederholen, kann für manche Kinder eine Wohltat sein. Von vielen Eltern aber wird dies den Kindern als eine „Schande für die Familie" vorgeworfen.

Wenn ein Kind aus Dankbarkeit sein Abitur mit der Durchschnittsnote Eins abschießt, ist das ein Geschenk. Doch nur, um geschätzt und geliebt zu werden, wäre wohl eher kontraproduktiv. Nicht jedes Kind wird später einmal Arzt oder Jurist. Den Eltern zuliebe ergreift heute kaum mehr ein junger Mensch seinen Beruf oder das Studium. Und wenn doch, ist selten Dank die Antwort, eher ein späterer Studienwechsel.
Zwang wäre eine ziemlich falsche Antwort - selbst in Anbetracht dessen, dass auch Eltern das Elternsein erst einmal erlernen müssen und die einen es besser und leichter schaffen als andere, da sie ihre Kinder bedingungslos lieben. Ohne irgendeine Bedingung - welch ein Glück. Doch bringt eben jeder Vater, jede Mutter auch die eigene Vergangenheit mit in die Ehe und Familie.
Kinder sind da stille Beobachter feinster Nuancen. Wohl deshalb verzeihen sie ihren Eltern sehr viel.

Wird jedoch eine beleidigende Aussage ständig wiederholt, etwa: **„Du bist die Schande der Familie"** oder **„Du bist ein Versager"**, zieht ein Kind sich irgendwann zurück. Dabei ließe es sich miteinander sicher ausdiskutieren, was unter *Schande* oder *Versager* zu verstehen ist.
Oft entsprechen die Erwartungen der Eltern nicht denen der Kinder, sondern beinhalten unerfüllte eigene Wünsche. Das gilt es von beiden Seiten einzusehen und zu besprechen.
Auch einem Kind ständig zu verdeutlichen, dass die Schwester, der Bruder alles weitaus besser könne, dass es eben nicht so intelligent sei, dass aus ihm wohl niemals etwas Rechtes werde, und weitere demütigende Worte, verletzt ein Kind sogar bis weit ins Alter.
Ebenso bleibt es für ein Kind lebenslang unverständlich, wenn Eltern es nicht vor sexuellem Übergriff oder einer anderen tiefen familiären Demütigung beschützt haben. Es ist ein Kind - vertraut den Eltern. Da geht es nicht mehr um eine **„falsche Antwort"**, nicht nur um eine Verletzung,

sondern um das Versagen *elterlicher Aufsichtspflicht,* und damit um ein *strafbares Vergehen.*
Da gibt es auch nichts mehr zu verzeihen.

Es lassen sich unendlich viele ähnliche Beisiele anfügen, in denen nicht einmal geschlagen, sondern *nur* mit Worten verletzt und gestraft wird oder mit einem Tun, mit dem ein Kind nie rechnen würde.
Etwa, als ein siebenjähriges Kind – in einem Waisenhaus – bis nachts um zwölf Uhr in eine Außentoilette eingesperrt wurde, die oben und unten offen war, doch zu schmal, als dass der Junge sich hätte herauswinden könnte. Es war Winter, eisig kalt und eine Strafe dafür, dass es drei Nächte nach einander ins Bett gemacht hatte.
Eine Zehnjährige, die das erfahren hatte, half ihm heraus, nachdem das abendliche Wachpersonal gegangen war. Sie wusste, wo der Schlüssel hing, befreite das zitternde und weinende Kind, half ihm ins Bett und blieb so lange neben ihm sitzen, bis er eingeschlafen war. Dann huschte sie in dem großen Schlafsaal in ihr eignes Bett, zitternd vor Kälte. Darüber vergaß sie, den Schlüssel zurückzuhängen und erhielt am nächsten Tag eine massive physische Strafe.
Schläge waren damals normal. Böse und demütigende Worte ebenfalls.
Auch Erwachsene, die nicht die Eltern der Kinder sind, sondern nur *Erziehungsberechtigte,* sind nicht frei davon, *falsche Antworten* zu geben oder gar Misshandlungen zuzufügen.
Wer denkt sich solch grausame Folter für ein Kind aus?
Was soll sie bewirken? Dass der kleine Junge nachts nicht mehr ins Bett macht? Ein Kind, das seine Eltern im Krieg verlor und nun mal schauen muss, wie es groß wird? In einem unbekannten Heim mit unbekannten Menschen gelandet. Ob ein Mensch eine solche Erfahrung jemals in seinem Leben vergisst? Was bedeutet da ein nasses Bett, wenn Liebe und Zuwendung fehlen?

Weiß jeder Erwachsene wirklich, dass eine grausame Tat, ein erniedrigendes Wort schärfer als ein Messer verletzen kann? Wurden diese Menschen als Kind ähnlich oder ebenso verletzt?
Sind dies noch Beispiele von der Hilflosigkeit eines Erwachsenen? Sicher mag ein besonderes Beispiel von Hilflosigkeit die Verwahrlosung eines Kindes sein.
Ist die Mutter, der Vater mit dem Kind überfordert? Vielleicht zu dieser Zeit. Wäre es vielleicht später geboren… Oder haben sie schlicht keinen Bezug zu ihrem Kind finden können und wünschen es einfach „weg" aus ihrem Leben?
Kein Kind bittet die Eltern darum, geboren zu werden!
Auch wenn einem Erwachsenen zugebilligt wird, dass Kindererziehung nie perfekt gelingen kann, so doch, dass er so etwas wie Liebe und Wärme für ein Kind zeigt.
Nochmals: Kinder verzeihen viel. Sehr viel. Gleichgültigkeit und Sadismus allerdings wohl kaum.

c. Szenen aus einem Waisenhaus der 1950/60er Jahre

In jenen Jahren waren in einem deutschen Waisenhaus *Gehorsam* und *Züchtigung* die wichtigsten Vokabeln, die jedes Kind im Heim schnell erlernte, um nicht unnötig bestraft und geschlagen zu werden. Es war ein Waisenhaus, kein Umerziehungsheim. Die meisten Kinder hatten durch den Krieg ihre Eltern und ihr Zuhause verloren.
Mit dem Erlernen der beiden Begriffe schien zwar eine Art Anpassung verbunden. Doch diese war, je nach Charakter des Kindes und bei nicht zu großer Traumatisierung, ein äußerliches Gewand.
Eine gewaltfreie, dennoch harte Strafe, die so manches Kind traf, war von abends acht Uhr bis Mitternacht im Wäscheraum mit dem Gesicht zur gefalteten Wäsche stehen, ohne sich anlehnen zu dürfen. Vielleicht war das Kind ungehorsam gewesen oder hatte die Unwahrheit gesagt,

keine Lügen, sondern etwa ein übersehenes Loch in einer Socke, etwas Blut in der Unterhose. Die Mädchen hatten es nicht bemerkt.
Kam ein Kind zu spät zur Schule, die etwa eine halbe Stunde von dem Waisenhaus entfernt lag, gab es später im Heim Schläge mit einem Rohrstock über die Innenhand und die Knöchel der Außenhand. Nicht ein- oder zweimal, sondern so lange, bis das Kind um Gnade flehte. Eine schmerzhafte *Züchtigung*, deren Gewalt so manches Kind auch aus anderen Gründen erfuhr. Wo aber hätte es sich beschweren könne?
Ein sehr beherztes zehnjähriges Mädchen, dem solche Strafe unerwartet zuteil wurde, fragte nach der sechsten harschen Aufforderung: „Hände umdrehen!“, während sie ihre Hände vor Schmerz kaum mehr spürte, eisig höflich: „Sind Sie jetzt fertig?“ Die Erzieherin hatte Tränen erwartet, Geschrei, Bitte um Gnade. Das Kind jedoch hatte geschwiegen und den betäubenden Schmerz ausgehalten, was einen Schock bei der schlagenden Frau auslöste. Sie murmelte zornig: „Deinen Willen werden wir schon noch brechen!“
Das Kind erwiderte auflachend: „Das hat noch niemand geschafft, nicht einmal Gott!“ Dann drehte es sich um und verließ den Raum. Seine Hände brannten höllisch. Es hielt sie lange in kaltes Wasser, während bitterliche Tränen über seine Wangen flossen.

Im Ausdenken von Strafen selbst für kleine Vergehen waren manche Erzieherinnen brutal.
Zwei Kinder im Alter von sieben und zehn Jahren hatten kurz vor Weihnachten in der Abwaschküche ein paar Kekse auf einem Teller liegen sehen. Da sie hungrig waren, verspeisten sie sie alle, ohne darüber nachzudenken, wem diese gehören mochten. Sicher keinem Kind. Natürlich kam es heraus. Vor allen anderen Kindern wurden sie als *Diebe* bloßgestellt.
Zur Strafe mussten beide Kinder aus einem großen Bassin,

gut zur Hälfte mit Wasser und Kartoffeln gefüllt, diese herauswaschen. Dazu lagen beide Kinder bäuchlings auf dem Beckenrand, die Mantelärmel bis an die Ellbogen im eisigen Wasser. Doch beide lächelten sich zu und wuschen die Kartoffeln dreimal hin und her. Danach sollten sie die sauberen Kartoffeln in Eimer füllen und diese in die Küche tragen. Das aber war nicht möglich, denn die Kinder wogen weniger als ein Wassereimer voller Kartoffeln. Zum Glück bemerkte eine der Küchenhilfen die beiden Kleinen und lief hinaus. „Lasst stehen, ich mach das!" Sie sah die frierenden Kleinen an und meinte leise: „Kommt in die Küche, da könnt ihr euch trocknen, dort ist es warm. Ich mache euch heißen Kakao." Tränen der Dankbarkeit rannen beiden Kindern über die vom Frost fast erstarrten Gesichter.

In einem anderen Heim bekamen junge Kinder, die vor knapp drei Jahren die Grauen des Krieges überlebt hatten, zur Erbauung Heiligenlegenden, die von Märtyrerinnen und Märtyrern in frühen christlichen Jahrhunderten berichteten. Diese waren gefoltert, gequält, geschändet und getötet worden. Lektüre zur Erbauung? Niemand der Erwachsenen fragte nach dem Seelenzustand der Kinder.
Als zwei sich weigerten, weil sie die Erinnerungen an Krieg und Flucht, durch die grausamen Geschichten erneut aufgerufen, nicht aushielten, hieß es:
„So etwas ist damals passiert, das muss man wissen!"
Eines Tages wurde ein Buch gereicht, in dem eine Fünfzehnjährige vergewaltigt und umgebracht wurde, um des Glaubens willen. Da wehrte sich eine Elfjährige: „Sie haben wohl keine Ahnung, was im Krieg alles passiert. Das lesen wir nicht mehr!" Schweigen war die Antwort.
Die Albträume etlicher Kinder beachtete damals keine Erzieherin.

Wie weit entfernt von diesen Erfahrungen ist die Welt der Kinder heute, gut 75 Jahre später?

Wie viele werden auch heute noch geschlagen, verletzt, missbraucht, gedemütigt? Wie viele Kinder dieser Welt dürfen unbegrenzt heiter spielen, lernen, werden geliebt?
Antworten auf diese Fragen möchten viele Menschen lieber nicht so genau hören, ebenso wenig die Anzahl der an inneren wie äußeren Verletzungen *gestorbenen Kinder in Deutschland* heute. Es sind mehr als 100 Kinder pro Jahr, mehr als *einhundert Kinder* nur in diesem kleinen Teil der Welt.

d. Kinder mit Handicap

Während in vielen Ländern *Inklusion* in stets mehr sozialen Bereichen gefordert wird, gibt es noch genügend Heime in Europa, in denen behinderte Kinder nicht nur misshandelt und mit Medikamenten ruhig gestellt, sondern auch geschlagen und gar sexuell missbraucht werden. Auch heute - in Europa - und sicher nicht nur hier.

Kinder über Wochen und Monate in ihrem Bett einsperren, oft halb bekleidet, hungrig, monatelang nicht an die frische Luft lassen, sie von ihren Exkrementen nicht reinigen, sie ohne Anregung sich selbst überlassen, ohne irgendeine Form geistiger Entwicklung – es erinnert an die finsteren 30er und 40er Jahre des vorigen Jahrhunderts – d.h., sie als menschliche Wesen vegetieren lassen ... wer kontrolliert dieses Elend, wer schafft es ab? Denn es existiert auch heute noch!
Jeder Mensch wird in seinem Körper so geboren, dass er in ihm selbstverständlich lebt. Bei der Geburt ist für das Neugeborene jeder Mensch unbekannt von Aussehen, es urteilt also nicht, selbst wenn es das könnte, ob es selbst anders ist oder aussieht. Dieses Urteil fällen die bereits Lebenden über das neu Geborene.
Das Neugeborene akzeptiert sich so, wie es ist.

Wer dies oft nicht akzeptiert, ist die Familie und noch weit öfter die Gesellschaft. Dabei sagen fast alle betroffenen Eltern später, dass sie unendlich viel von ihren *besonderen* Kindern lernen und gelernt haben, sie lieben, ihnen das Leben daheim mit und in der Familie ermöglichen.
Väter scheinen dabei mehr Probleme mit der Akzeptanz zu haben als Mütter, vielleicht weil diese das Kind ausgetragen haben.
Es soll hier nicht leichtfertig dahergeredet werden, denn es gibt in sehr vielen Gesellschaften Probleme mit der Akzeptanz des „Andersseins". Daher lebt auch bei liebevollen Eltern die bange Frage: „Wer wird sich um unser Kind kümmern, wenn wir einmal nicht mehr sind?"
Kinder mit einem Handicap jahrelang oder gar für immer in Heime zu geben, in denen sie nicht selten menschenunwürdig leben, ist für alle ein unterschiedlich tiefer Verlust.
Mangelt es an Geduld? Liebe? Verständnis? Wissen?
Warum muss Inklusion heute eigentlich noch vorgeschrieben werden?

Ein junges Mädchen im Holland der 1970er Jahre litt an einer schweren Muskelkrankheit. Die Mutter trug es jeden Morgen in die Klasse. Da sie nur den Vormittag über zu sitzen vermochte, regelte de Direktor den Unterricht für diese Klasse so, dass vormittags kein Klassenwechsel stattfand. Dieses Kind besaß zur Freude aller eine große Heiterkeit. Als es mit 16 Jahren starb, trauerten alle Schüler und Lehrer des Gymnasiums.

e. Umerziehung

Umerziehung gab und gibt es nicht nur für Erwachsene, weit häufiger noch geschieht dies bei Kindern. Ob es sich dabei wirklich um schwer erziehbare Kinder handelte, war weit weniger wichtig als dass es eine politische Funktion hatte, nicht erst unter Hitler, Stalin oder einem chinesischen Präsidenten, auch indigene Kinder in Kanada, Kinder politischer Gegner, wie im letzten Jahrhundert in Argentinien, Spanien, auch in der Schweiz, wurden ihren Eltern weggenommen, in Heime *gesteckt* oder in sogenannten Pflegefamilien fremdbestimmt. Eine scheinbar altbewährte, koloniale Methode, die jegliches Menschenrecht ausschaltete. Auch in der ehemaligen DDR gab es Umerziehungsmethoden. Fragte damals jemals jemand, was mit den Kindern, den Erwachsenen geschah? In welche Richtung man sie „umerzog“? Schon im Mittealter missionierten Kirchenvertreter mit Zwangsmitteln.

Das Leid der kleinen wie großen Kinder fand nicht einmal ansatzweise Aufmerksamkeit, als es geschah. Ebenso wenig wie der Tod all jener Kleinen, die dem Leidensdruck nicht standhalten konnten und starben.

Interessiert das *Warum*? ihres Todes heute wirklich? Scham, finanzielle Wiedergutmachung, Worte der Entschuldigung ... doch die einzelnen Schicksale der damals Kleinen? Wer kennt denn heute ihre Namen?

Welche Rechte nimmt sich ein Staat, der ja kein Roboter-Kabinett ist, sondern aus Menschen besteht, um Kindern Derartiges anzutun? Selbst wenn er auf diese menschenverachtende Weise *nur* „den Feind“ treffen wollte, er traf damit in Wahrheit immer die Kinder. Nicht nur, dass ihnen oft ihre Herkunft und Identität genommen wurde und wird, die Zukunft eines Landes wird immer wieder aus verletzten Menschen bestehen. Eine friedliche Entwicklung zukünftiger Generationen ist durch Umerziehung von Kindern kaum möglich.

f. Macht und Selbstmitleid

Nichts ist anregender als einem Menschen zu begegnen, der viel zu erzählen hat und dem zuzuhören Freude und

Gewinn ist. So können Großeltern ihren Enkeln auch heute Welten öffnen, wozu Eltern oft Zeit oder Geduld fehlt. Kinder begreifen dies und klagen selten.
Demgegenüber gibt es Erwachsenen, **die „absolut sicher"** wissen, was ihr Kind braucht, welche Freunde, welche Hobbys und welcher Beruf, ja welche Frau, welcher Mann für ihr Kind richtig sind. Mit einem einzigen Argument wischen sie jede Diskussion beiseite: „Du kannst uns vertrauen, wir wissen, was gut **für dich ist**!"
Sagen sie dies auf Grund von eigenen Lebenserfahrungen, auf Grund von Macht oder weil sie schlicht Angst haben, nicht perfekt zu sein?

Eine tiefe Verletzung traf einen Jungen von sieben Jahre, als ein Onkel ihn brüsk sagte: **„Du bist ein Bastard, komm nicht in mein Haus."**
Bastarde gab es nach dem II. Weltkrieg viele, es waren die unehelich geborene Kinder, die auch in der Schule so verschriene waren. Aber in der eigenen Familie? In der Verwandtschaft? Aus diesem Jungen wurde eine sehr angesehene Persönlichkeit. Seine Position, sein Reichtum boten ihm äußeren Schutz genug, doch seine Seele blieb bis ins Alter unheilbar verwundet.

Eine alte Frau berichtete Ähnliches aus ihrer Kindheit, erzählte, wie es eines Tages aus ihr herausbrach, als ihre Tochter sich über ihre Strenge beklagte. Scheinbar unlogisch schrie sie: **„Ich möchte geliebt werden."**
Die Antwort der Tochter kam prompt: **„Ich auch!"**
Hilflosigkeit auf beiden Seiten und Schmerz. Nicht immer gelingt dann ein Heilungsprozess, ein Auseinanderbrechen einer Beziehung ist möglich.
Erniedrigung ist immer schwer zu ertragen, besonders wenn sie von Menschen kommt, denen man vertraut. Sie kann nicht ungeschehen gemacht werden, nur verdrängt.
Vielleicht später einmal verziehen.

Ebenso machtbezogen ist eine oft gehörte Äußerung: „**Ich** weiß genau, was d**u denkst**." Woher wissen Eltern, was ihre Kinder denken?
Erschrecken sie doch heftig, sind wütend zugleich, wenn ein junger Mensch etwa sein Studium abbricht oder sich mal ausprobieren **oder „abnabeln"** will. Meist hatten die Eltern Lebenspläne gemacht. Nur sind und waren es *ihre* Plane.

Versager…! Mit diesem Wort schaffen Eltern eine emotionale Abhängigkeit. Denn meist will ein Kind den Eltern dann beweisen, dass es kein *Versager* ist, sondern sein eigenes Leben wählen, führen und eigene Erfahrungen machen kann. Dies jedoch fast immer mit dem Blick auf das verletzende Wort.
Erreicht ein Kind nicht das oder mehr als sich Eltern von ihm erhofft hatten, so erfüllt diese oft ein tiefes Selbstmitleid, aus dem heraus sie ungerecht handeln oder sich beklagen, selten selbstkritisch innehalten.

Dramatisches Beispiel eines väterlichen Machtmissbrauchs und Selbstmitleids findet sich in *Don Carlos*, musikalisch von *Verdi* in einer grandiosen Arie überhöht. Da beklagt Philipp II. sein Los, dass seine Frau ihn nicht liebe: **„Ella giamai m'amó". Ein so gewaltiger Gefühlsausbruch ruft im Zuhörer** fast Mitleid mit ihm auf, selbst wenn er weiß, wie der König auch, dass er dem eigenen Sohn die Braut nahm, um sie selber zu ehelichen. Pure Macht! Der Tod des Sohnes aber ist ihm keine Träne und keine Arie wert.

Suchen Eltern über Kinder persönliche oder gesellschaftliche Vorteile? So etwas wie eine gesicherte Zukunft?
In manchen Ländern sorgen in einer Weise von Geben und Nehmen Kinder selbstverständlich für ihre alten Eltern. Doch sicher nicht überall.
Bevormundende Eltern meinen es oft gut und liegen doch falsch. „Natürlich wirst du Ingenieur. Studierst du Medizin

... So kannst du gut verdienen. Du warst doch schon immer Geld affin!"
Doch das fast-nicht-mehr Kind meint: „Geld steht für mich nicht an erster Stelle. Ich möchte Freude im Beruf haben und mit Kindern arbeiten, mit ihnen lachen und lernen."
Da hört man dann so mancher Elternteil enttäuscht sagen: „Für mein Kind habe ich mir etwas anderes vorgestellt." Das ist durchaus möglich. Doch der Satz stimmt nur für die Eltern Nicht für ihr Kind.
Diese Enttäuschung mag zu der elterlichen Erkenntnis führen, dass sie sich täuschten. Nicht im Kind, sondern in ihrer eigenen Vorstellung von dem jungen Menschen. Dass sie sich in dem Gedanken täuschten, ein Kind sei die Verlängerung elterlichen Wünschens und Wollens.

Ein bitteres Beispiel sind die abschlägigen Worte eines Vaters auf denn Wunsch seines einzigen und hochbegabten Kindes, Malerei studieren zu wollen: „Ich war nur Volksschullehrer, du braucht nicht mehr zu werden." Auch das gibt es. Die innere Welt des Kindes zerbrach.
Die damals 14-Jähtige wagte nicht, sich zu widersetzen. In späteren Jahren fand sie dann nicht mehr die Kraft dazu, aufgezehrt durch einen ungeliebten Beruf, die eigene Familie und die Pflege der Eltern, sich für ein eigenes Leben zu entscheiden.
Ihr Leben endete eines Tages im Suizid.

Ein weiteres Beispiel elterlichen Selbstmitleids.
„Wir haben unsere Tochter doch gut erzogen. Und nun hängt sie mit irgendwelchen Typen rum, nimmt Drogen... Womit haben wir das verdient, warum wurden wir mit so einem Kind geschlagen?"

Ein Sechsjähriger durfte nach fast vier Monaten Schulschließung durch Corona wieder in die Schule. Dort musste er stillsitzen, war jedoch aufsässig, frech und zapplig. Lesen

und Schreiben interessierten ihn kaum. Daher ließ die Klassenlehrerin ihn auf ADHS testen. Er weigerte sich, beim Test zu antworten. Doch ihm fehlte nichts, außer genügend elterlicher Aufmerksamkeit. Vier Monaten lang hatte er tagtäglich eingeschlossen daheim gesessen. Die Mutter arbeitete im Home-Office, der Vater kam meist spät heim.
Mit Beginn der Schulnormalität wollte er wieder Freunde treffen, Fußball spielen und beruhigte sich allmählich. Nur einmal sagte der Kleine: „Ich bin nicht dumm und nicht krank. Nein!" Welchen Schock hatte er erfahren?

Eltern oder Lehrer, die häufig vieles besser meinen zu wissen, gleich, welche Antwort ein Kind gibt oder erwartet, schüchtern ein Kind oft derart ein, dass es äußerlich verstummt und sich im günstigsten Fall in seine eigene kreative Welt zurückzieht. Aggression, Depression oder Gleichgültigkeit können die Folge sein. Kinder sind meist gesellige Menschen, mit einer eigenen, zu respektierenden Welt.

Es gibt viele falsche Antworten an Kinder, sicher nicht immer gewollt verletzende. Oft sind dies sogar Antworten auf selbst erlebte und nie erkannte Traumata oder unerfüllte Wünsche von Erwachsenen.

Folgende Beispiele zeigen positive elterliche Antworten, in gemeinsamer Überlegung mit dem Kind. Das Kind war fast sechs Jahr und hätte zur Schule gehen können, doch die Eltern fragten zunächst das Kind: „Was möchtest du? Lernen oder noch spielen?" Das Kind erwiderte treuherzig: „Bitte, noch spielen!" Es wurde also ein Jahr später eingeschult und erbrachte bis zum Abitur exzellente Noten. Einfach so, ohne Druck und Zwang.
Ein ähnlich aufmerksames Beobachten von Eltern führte dazu, dass ein unglaublich zappeliges Kind noch ein Jahr länger auf eigenen Wunsch im Kindergarten bleiben durfte

und erst mit sieben Jahren in die Schule kam. Seine Lernbegierde ist seither ungebrochen. Und es ist ruhiger. Ohne irgendein Medikament oder eine Therapie.
Kinder wissen meist sehr genau, was sie können und was noch nicht.

g. Kinder und Krieg

Krieg ist keine von Gott gegebene Angelegenheit, kein vom Schicksal verhängtes Elend, sondern eine rein menschliche Handlung. Bedenken Erwachsene eigentlich, was sie Kindern antun, wenn sie ihnen Krieg zumuten?
Rücksichtslos ihnen gegenüber führen sie ihre Kriege.
Doch ebenso rücksichtslos werden Kinder als *Kindersoldaten* eingesetzt und zu Handlungen wie Erschießen und Töten gezwungen. Soll so die Zukunft aussehen? Mordende, brandschatzende *Kinder*, die man später verurteilt und in Gefängnissen wegsperrt? Welch menschliche Instinkte werden da missbraucht und ausgebeutet zugleich?

Es gibt heute kaum einen Menschen über achtzig, der nicht als Kind im II. Weltkrieg Flucht und/oder Verlust erfuhr und der dies im Alter vergessen hätte. Und die Kriege der letzten Jahre? Wer verklärte sie? Vielleicht jene, die den Krieg befehligten, aber sicher keine Kinder, die Bomben fallen sahen, Feuer, erschossene Menschen oder die erlebten, wie ihre Eltern erschossen oder unter den Trümmern des Hauses begraben wurden; die erlebten, wie Freunde und Fremde auf der Flucht ertranken, wie andere erfroren oder verhungerten.

Es gibt auch heute nicht *eine einzige* Stunde eines Tages, an dem keine Kriegshandlung auf diesem Planten stattfindet. Keine einzige Stunde. Trotz allem bisherigen Leid. Und die Kinder? Wer achtet ihrer?

Da berichtete ein junger Flüchtling aus dem Norden Irak, wie seine Eltern in dem brennenden Haus umkamen, er davonrennen konnte und gar nicht mehr daran dachte, dass es irgendwo in seinem Land noch Verwandte geben könnte, die ihn vielleicht aufnähmen. Er rannte, rannte, rannte, bis er ohnmächtig wurde. Ein Auto nahm ihn mit gen Westen und irgendwann sah er das Meer. Er saß dort, allein, 14 Jahre jung und wusste nicht, wohin. Er schloss sich einer Gruppe an, die über den Norden Griechenlands zu Fuß nach Deutschland gelangte.
Erst dort, in einem Flüchtlingslager, begriff er seine Situation. Er konnte nicht weinen. Auch nicht, als er von dem Bombenangriff auf seine Stadt und das Haus der Eltern sprach. Er rannte in Gedanken immer noch. Sein Körper rannte im Schlaf, im Traum, zitterte oftmals heftig.
Kollateralschaden des Krieges?
Ist ja nur ein Kind, das kommt schon wieder darüber hinweg? Wer so denkt, weiß nichts vom Krieg! Und noch weniger von Kindern, vom Menschen. Kommt *wie* darüber hinweg? Wenn ein Kind plötzlich allein in der Welt steht und nicht mehr weiß, wohin? Wenn es in seinen Träumen immer wieder das brennende Haus sieht und wie die Eltern umkamen? Welches Medikament hülfe gegen solche Bilder in seinem Kopf, in seinem Körper?
Als dieser junge Flüchtling eines Tages aus dem Lager davonrannte, hat ihn niemand gefragt, wohin. Er war weg. Niemand vermisste ihn tatsächlich. Auf dem Papier wurde sein Name abgehakt. Weggelaufen!
Ein Kind - vierzehn Jahre jung.
Das Leid von Abermillionen Kindern aufzuschreiben, ist schlicht unmöglich.

Eine heute 85-Jährige verlor auf der Flucht ihren Bruder. Sie war acht damals, der Bruder sechs Jahre. Wenn sie je darüber sprach, steigerte sich ihre Erregung derart, dass sie plötzlich aufhörte zu sprechen. Kommt ein Kind wirklich darüber hinweg? Krieg ist keine Naturkatastrophe und wird auch nie als solche erlebt.

An all jene Kinder zu denken, die in den Konzentrationslager umkamen, an jene, die überlebten, lässt etwas von dem erahnen, was ihnen an Grauen von Erwachsenen angetan wurde, Leid, das selbst Tod nicht auflöst, Leid, das sie, wenn sie überstehen, nie aus ihrer Erinnerung löschen können, weder aus der Seele, noch aus dem Körper.
Wer fragte damals danach, als sie *Kind* waren? Sie konnten, ja mussten verdrängen. Heilung?.
Wer achtet heute auf Kinder im Krieg?
All die Kinder weltweit, die durch Kriege in erbärmlichen Flüchtlingslagern landen, dort Hunger, Elend und Verzweiflung der Erwachsenen sowie ihre eigene unaussprechliche Hilflosigkeit erleben, oft auch Gewalt, - wohl kaum eine kindgerechte Welt. Wie werden sie einst leben, zehn, zwanzig Jahre nach dem Krieg? Werden sie alles vergessen haben? Ist ihnen das möglich? Oft körperlich unterernährt, wachsen sie manchmal lange Zeit ohne Schule auf, häufig mit Erinnerungen an ein Zuhause, in dem sie einst lebten und lachten, das sie aber verlassen mussten. Warum? Nicht wegen einer Naturkatastrophe. Da starben, plünderten und töteten *Menschen*. Kinder, die Verfolgung und Vertreibung ausgesetzt waren und sind, verstehen sie trotz mancher Erklärung, warum dies geschieht? Warum sie verfolgt und angegriffen wurden? Ihr Leid legt sich auf ihre Seele, blickt durch ihre Augen auf ein zukünftiges Leben, weit entfernt von ihrer einst unbekümmerten Kindheit. Pech, wenn sie mit vier oder fünf Jahren jäh haben erwachsen werden müssen? Sie wurden es, haben zu früh ihre Kindheit verloren. Das geschieht Abertausenden von Kindern täglich auf diesem Planeten, durch Katastrophen, von Menschen geschaffen.

Kinderschutz – ja! In gepflegtem Ambiente lässt er sich einfordern. Die Realität aber hat ein graues, narbiges Gesicht.

Bis heute gibt es in Deutschland nicht einmal ein Gesetz, das die Kinderrechte festschreibt, wie viel darüber auch geredet wurde und wird.
Gewiss kümmert man sich, auch um Flüchtlingskinder, die es bis ins reiche Europa geschafft haben. Sie werden sogar in Privathaushalte eingeladen, da man ja helfen will. In aller Freundlichkeit jedoch zu sagen **„Da kommt ja unser kleiner** Flüch**tling**",- das schockiert. Der Angesprochene schweigt gedemütigt. Ausgegrenzt.
Warum lässt man einen jungen Menschen dies spüren, wenn man ihm zugleich eine Hand ausstreckt? Kinder, die allein den Krieg überlebten, sind lange schutzlos der Grausamkeit wie auch der Unsensibilität von Erwachsenen ausgeliefert, auch wenn sie bereits lernten, selbstständig zu sein. Fragt jemand, ob sie je haben weinen können um den erlittenen Verlust? Nimmt sie jemand in den Arm? Wer gewährt ihnen emotionalen Schutz? Wer selbst erlebte, nicht weinen zu können, begreift den unlöschbar brennenden Schmerz.
Sensibilität würde helfen, einfach wieder *Mensch* sein zu dürfen. Denn auch *Vertrauen* muss neu gelernt werden.

Gespräche mit Gleichaltrigen im neuen „Heimatland" sind schwierig, denn die Neuankömmlinge vermeiden oft Small-Talk. Kann ein junger Mensch, der Krieg und Tod entkam, mit einem, der noch nie an Tod dachte, noch nie damit konfrontiert wurde, wirklich auf gleicher Ebene sprechen? Nicht einmal ein Kind, das im Krankenhaus dem Tod nahe kam, findet bei gleichaltrigen Gesunden später Verständnis für seinen Schock, für seine Erfahrung. *„Vergiss es"* - als Rezept? Sich verstanden fühlen, braucht gleiche Augenhöhe. Und Zeit. Viel Zeit.
Leid isoliert innerlich, auch und vor allem Kinder.

Leider ist noch nie einem Kriegsführenden eingefallen, um der Kinder willen *keinen* Krieg zu führen oder ihn ihretwegen zu beenden. Krieg ist immer eine unglaubliche Machtdemonstration und Maschinerie des Geldverdienens. Dafür werden Menschen, werden Kindern *geopfert.*

Überall in der Welt, ob in Moria, in den böhmischen Wäldern, in Syrien, im Sudan, Irak, an der mexikanisch-amerikanischen Grenze, im Jemen oder in Europa, sind Flüchtlingslager Orte, an denen Kindern Leid, Ungemach, Elend und Hunger aufgebürdet wird.
Dabei sind Kinder die Zukunft.
Auch psychisch verletzte Kinder.
Kinder, denen oft über Jahre ihre Gegenwart, damit auch ein Teil ihrer Zukunft geraubt wird, etwa im Lager, während einer Pandemie oder in einem Umerziehungslager. Wie werden ihre Zukunft und noch ein Teil der Zukunft der Erwachsenen aussehen? Es braucht keinen prophetischen Blick, nur den ins Heute, in die Gegenwart.

Warum können erwachsene Kriegsbegeisterte nicht einmal, ein einziges Mal weiterdenken als ihr eigenes Ego, ihren eigenen Spaß, ihre eigene Macht und Gewinnsucht? Ihre Taschen sind gefüllt, ihre Macht ist oft durch die Toten für kürzere oder längere Zeit gesichert.
Doch morgen, morgen ist die Zukunft, die bereits im Heute begann und die auf der Traumatisierung und Verelendung sehr vieler Kinder fußt. Durch Krieg, Flucht, Lager, Hunger und Armut traumatisierte Kinder wurden noch nie gefragt, wie sie sich ihre Zukunft denken.
Haben sie denn überhaupt noch eine eigene?
„Dieser Krieg schafft eure **Zukunft!**"
Wegen dieser Lüge werden Kinder solchem Leid ausgesetzt? Deswegen werden sie zu Krieg, Brutalität, Lüge, Gier und Machtstreben erzogen?

So manche Erwachsenen merken nicht einmal, dass die Welt sich rasant verändert, dass statt Egoismus zukünftig

Mitmenschlichkeit und Empathie nötig sind. *Kinder sind Menschen, die Rechte haben:* auf Leben, kindgerechtes Leben, Freiheit, Schutz, auf Lernen und Spielen, auf ihre eigene Zukunft. Wird das je für *alle* Kinder möglich sein?
Ihr Leben wird fast überall auf der Welt in mehr oder minderem Maße von Erwachseen bestimmt, vom Krieg, auch in Familien, zwischen Gruppen. Krieg findet ebenfalls auf den Straßen einer Großstadt statt
Manchmal grauenhaft grotesk und doch real.

Ein wahrhaft absurder Straßenkrieg:
In New York gibt es noch heute Gesetze, die Anklagen und Einsperren von Kindern ab dem Alter von sieben Jahren erlauben. Dass von allen eingesperrten Kindern nur ca. 10% Weiße sind, sei nebenbei bemerkt.
Doch welcher Erwachsene kommt auf die Idee, Kinder verantwortlich zu machen und einzusperren für etwas, das sie in den meisten Fällen von Erwachsenen abgeschaut haben. Meist um zu überleben!
Gibt es wirklich ein siebenjähriges Kind, das ein anderes sexuell *vergewaltigt*, das solches nicht daheim oder in Filmen erlebt hat? Die Filme und die Situation daheim werden aber von Erwachsenen erdacht und vorgelebt, ohne Rücksicht darauf, wie Kinder dies erfahren und ob sie überhaupt damit fertig werden.
Eine Neunjährige mit Pfefferspray zu besprühen und sie anzuschreien, sie solle sich nicht wie ein Kind verhalten, zeigt die Absurdität dieser Gesetzeslage. Was ist eine Neunjährige anderes als ein Kind?
Kinder imitieren ziemlich lange, bis sie ihre eigene Form gefunden haben. Sogar viele Erwachsene schauen auf das, was der Nachbar tut und fühlen sich dann durch dessen Tun gestärkt, bestätigt oder ermutigt. Imitieren ist eine unbewusste, höchst natürliche und legitime Lernmethode. Dies scheinen viele Erwachsene vergessen zu haben. Was wirft also ein Erwachsener einem Kind vor? Dass es stahl?

Oder seine scheinbare Selbständigkeit? Seinen Überlebenswillen?
Welche Antwort auf die Verzweiflungstat manch hungriger Kinder gibt **ein „erwachsner" Polizist**, wenn er ein Kind anschreit und mit Pfefferspray besprüht? Stellt sich bei diesem Menschen nicht so etwas wie Nachdenken ein: **„Wenn dies mein Kind wäre**, wie menschenunwürdig empfände es eine solche Behandlung?"
Selbst Tiere haben Gefühle und reagieren wütend oder verschreckt, wenn man sie anbrüllt, mit Pfefferspray besprüht oder gar einsperrt.
Kinder sind Menschen, noch nicht erwachsene, dennoch eigenständige Menschen, **keine „irgendwie Anhängsel"**. Sie haben ein Recht *auf Schutz, auf gute Vorbilder*, auf einen menschenwürdigen Umgang und auf Erklärungen für das, was sie noch nicht ganz verstehen. Sie haben ein Recht auf Hilfe, darauf, angehört zu werden, ein Recht, nicht als emotional, psychisch oder körperlich beeinträchtigte und beschädigte Wesen, sondern als *Menschen* ihr zukünftiges Leben gestalten zu können.
Wenn heutige Erwachsene, die bei weitem nicht alle erwachsen genug sind, sondern häufig nur ihren eigenen Bedürfnissen und Begierden nachgehen, es nicht schaffen, Kindern eine Welt zu ermöglichen, in der diese kindgerecht leben und aufwachsen können, warum setzen sie dann Kinder in die Welt? Wofür werden Kinder denn gebraucht oder missbraucht? Ein vielleicht befremdlicher Gedanke, doch: *„Wer Kindern das Leben schenkt, sollte natürlicherweise ein Kriegsgegner sein."*
Und zwar keinen einzigen Krieg wollen, auch nicht den häuslichen.
Wer eine bessere Zukunft für seine Kinder will, sollte keine Waffen an kriegführende Länder verkaufen und sicher keine an Kinder.
Kinder, die Unfassbares erlebt, gesehen oder am eigenen Leib erfahren haben, werden nach einem Krieg, auch einem

häuslichen, sehr selten gefragt, wie es ihnen dabei geht. Oft erst Jahre später und auch dann nicht alle und nicht immer. Doch Krieg wird allen zugemutet, als sei er eine Krankheit, von der man ohne Rezidive einfach wieder genesen könne. Leider kann niemand ein Kind auf Krieg und dessen Folgen vorbereiten, denn meist wissen Erwachsene selbst nicht, wie sie ihn überstehen. Dafür zu sorgen, dass Kinder in einem Krieg so wenig wie möglich „beschädigt" werden, ist kaum möglich. Sie haben zwar Erklärungen nötig, doch vor allem Geborgenheit und Schutz. Wie und wo ist das im Krieg, auf der Flucht oder allein gelassen möglich?

Sie halten, oft lebenslang, nach guten Vorbildern Ausschau und lernen durch die Erfahrung des Krieges, wer sie selbst sind und wie sie sich selbst schützen können - als Kinder. Oft meinen sie sogar, dass sie noch Erwachsene beschützen müssten, übernehmen Verantwortung, die sie eigentlich nicht tragen können.
Wenn sie als Waisen nach dem Krieg in Heimen landen, beginnt häufig ein neuer Leidensweg. Warum? Sind Kinder denn Dinge, Objekte, die man nutzen, benutzen kann? So manche Erwachsnen, in deren Obhut sie kommen, können besser strafen als lieben und schützen.
Wer realistisch mit sich und Kindern umgeht, weiß, dass Kinder Liebe, Wärme, Vertrauen und Schutz brauchen, nicht im Übermaß, doch sicher keine Polizei-, Waisenhaus- oder Kriegstraumata.

Das Leben selbst birgt bereits viel Unwägbares; leider auch unvermeidbare, nie heilende Verletzungen, etwa den Tod einer geliebten Person, die bis dahin einem Kind Schutz und Sicherheit zugleich bot. Ein Kind versucht, auf seine Art damit umgehen zu lernen.
Doch Krieg und Gewalt bedeuten immer Leid für ein Kind. *Gewalt von Erwachsenen an Kindern ist und bleibt die falsche Antwort.*

Auch in den 2020er Jahren gibt es gerade für Kinder viel Schrecken, Angst und Elend in Lagern, in Kriegen wie in nicht wenigen Großstädten dieser Welt.
Ihr Schutzbedürfnis müsste alle Erwachsenen berühren. Zudem brauchen diese Kinder emotionale Stabilität und gute Bildung, um ihre Zukunft miteinander, nicht gegeneinander gestalten und leben zu lernen.

Erwachsene jeder Generation haben es weitgehend in der Hand, wie viel Liebe und Schutz, wie viel Lebendigkeit, Freiheit und Zukunft, innere wie äußere, sie ihren Kindern, doch auch sich selbst ermöglichen und zugestehen.
Denken Erwachsene denn heute daran, dass mit ihrer eigenen Zukunft *nicht* gleichermaßen die Zukunft ihrer Kinder gemeint ist? Dass ein Kind seine eigene Antwort im Leben finden will und *muss,* dass ihm aber gute Startbedingungen dabei helfen.
Krieg, Gewalt uns Verletzungen gehören sicher nicht dazu.

„Denn ihre Seelen wohnen im Haus von morgen,
das ihr nicht besuchen könnt, nicht einmal
in euren Träumen.
Ihr dürft euch bemühen, wie sie zu sein, aber
versucht nicht, sie euch ähnlich zu machen.
Denn das Leben läuft nicht rückwärts, noch verweilt
es im Gestern."

März/April 2021

2. Was hat Gott mit Auschwitz zu tun?

„Es war im Krieg, da habe ich Gott verlassen. Es war zuviel verlangt von einem Kerl in den Flegeljahren, dass er begreift, dass
Gott einen Weltkrieg zuließ."

Ödön von Horváth „Jugend ohne Gott"

„Denn Er lässt Seine Sonne aufgehen über Böse und Gute und lässt regnen über Gerechte und Ungerechte."

Matthäus 5,45

Als der letzte Papst, Benedikt, wohl nicht als erster Mensch Auschwitz betretend fragte: *Gott, wie konntest du das zulassen?* was meinte er mit diesem Vorwurf? War es ein Vorwurf? Eine Anklage?
Dass Gott gewusst haben müsste oder doch hätte wissen können, dass der Mensch zu so etwas Furchtbarem fähig ist? Hatte Er ihn nicht so geschaffen, ausgestattet? Ist das der Inhalt des Vorwurfs?
Sind die Begriffe *wissen* und *zulassen* denn synonym?
Fielen all diese Verbrechen, Grausamkeiten, menschlichen Perversionen wie Steine aus dem Himmel? Als Regen? Oder haben sie den menschlichen Geist, die menschliche Gesellschaft virengleich befallen?
Nichts von alledem.
Was hat Gott mit Auschwitz zu tun?
Nichts!
Auschwitz war Menschenwerk.
Aber – Er hat Auschwitz doch zugelassen!
Ist das so?
Welchen Krieg hätte Gott denn je zugelassen, den Er hätte verhindern sollen? Welches ungeheuer brutale, Menschen verachtende, verbrecherische Aushungern und Töten von vielen Millionen Menschen, mehr als die Hälfte von ihnen einfache Bürger? Dass im II. Weltkrieg weder Gesetze und Rechte mehr galten, hätte Gott das auch zugelassen?
Und was hätte Gott mit all den als *unabdingbar* erlogenen, grausamen Kriegen der letzten fünfzig Jahre zu tun? Etwa mit dem gut neun Jahre dauernden Vietnamkrieg, dem acht Jahre dauernden Irakkrieg oder dem mehr als zwanzig Jahre andauernden Afghanistankrieg, um nur drei zu nennen? Was damit, dass in diesen Kriegen nicht nur Schulen und Krankenhäuser, sondern auch Kinder und Erwachsene bedenkenlos bombardiert wurden?
Welche Gewalt hätte Gott je zugelassen, aus welchem Grunde denn? Dass dieser Planet mit Bomben und Granaten gespickt ist, sodass es Jahrhunderte dauern wird, diese alle je

wieder von dieser Erde zu entfernen, hätte Gott auch damit zu tun?
Welcher Krieg, welche Vernichtung von Menschen, welches Foltern und Quälen könnte einem Gott je zum Vorwurf gemacht werden?
Vorwurf - weshalb? Dass Er dies alles zulässt? Zuließ?
Es ist ja nicht einmal sicher, ob Gott existiert oder nicht. Es geht nicht um Zweifel, auch nicht um Beweise. Nein, um Gewissheit. Die Suche nach jener Gewissheit, die einem Vorwurf rechtfertigte.
Doch diese Gewissheit ist dem Menschen ebenso verwehrt wie die, sich selbst oder den anderen Menschen je *vollständig zu* kennen. Der Mensch kennt das Absolute nicht als Realität. Ihm fehlt bereits die Möglichkeit, es sich vorzustellen. Worte benennen es zwar, doch es bleibt abstrakt. Ohne fassbaren Inhalt. Gott **ist nicht…, was immer der Mensch sich darunter** vorstellt. Er ist, wenn Er ist, anders!
Woher weiß der Einzelne, wissen Religionslehrer oder kirchliche Würdenträger, was Gott will, was Er denkt oder empfindet? Hat Gott mit den Opfern der Flutkatastrophe wirklich mitgelitten, wie es ein Landesbischof im August 2021 im Aachener Dom tröstend formuliert?
Wären Empathie und Verhindern von Leid nicht reale Möglichkeiten des Einzelnen, des Mitmenschen?

Es gibt viele Meinungen, die mit *Gott* verbunden sind, den Glauben an Ihn voraussetzend, religiöse, vorwurfsvolle, ablehnende, schlicht Beziehungen stiftende. Sie alle scheinen mit Gott auch etwas zu verbinden, wenn das Wort *Auschwitz* fällt. Doch selbst wenn Gott existierte, wie kommt ein Mensch dazu, Gott einen Vorwurf zu machen, etwa, weil er davon ausgeht, Er habe das Grauen zugelassen?
„Lässt Er Seine Sonne nicht aufgehen über Böse und Gute … ?"

Und besitzt ein Mensch nicht seit jeher die Freiheit, sich gegen das Gute wie das Böse aufzulehnen, doch sich ebenso

dafür zu entscheiden?
Was hat Gott damit zu tun, dass dem Menschen etwas so Grauenhaftes wie *Menschenvernichtung* einfällt und er dies auch realisiert? Was hat Gott damit zu tun, dass der Mensch seine Fantasie benutzt, um sich maßlose Ungeheuerlichkeiten auszudenken und sie in die Tat umzusetzen?
Selbst wenn das Leben des Menschen ein Geschenk Gottes wäre oder ist, nach nicht nur christlicher Vorstellung, so ist ersterer doch wohl dafür verantwortlich, was er mit dem Geschenk macht, wie er damit umgeht. Selbst Kinder können sich über ein Geschenk freuen, damit spielen oder es zerstören. Simpel übersetzt: Was ich mit einem Geschenk mache, hier: mit der eigenen Existenz, ist „meine Sache", nicht die des Gebers und somit nicht Angelegenheit dessen, der schenkte. Wie ein Mensch mit seiner Existenz, mit seiner Fantasie und seinem Ego umgeht, liegt also in *seinem* Ermessen und in seiner eigenen Verantwortlichkeit. Was ein Beschenkter normalerweise dem Geber gegenüber jedoch ausspricht, ist *Danke*.
Dennoch glaubt der Mensch sich im Recht, Gott anzuklagen, schließlich hat Er den Menschen, so steht es in der Bibel, auch häufig gestraft, sei es mit Plagen, Krankheiten, Wasserfluten oder Tod. Das heißt, Er hätte auch diesmal, nämlich beim Ausdenken, Aufbauen und Töten in den Konzentrationslagern eingreifen und die Täter erkennbar bestrafen müssen? Denn was hatten jene Menschen getan, die in den Lagern gequält und umgebracht, vergast und verbrannt wurden?
Nichts. **Rein nichts. Sie „passten dem Machthaber nicht".**
Liegt die Schuld dafür bei Gott?
Gewiss steht in der Bibel etwas von den sieben Plagen, die über das damalige Ägypten kommen sollten und kamen. Auch heute gibt es Heuschreckenplagen, Hungersnöte, Krankheiten, Pandemien.
All das hat aber mit der *bewussten Grausamkeit* des Menschen, in den Konzentrationslagern der Hitlerzeit wie

auch heute im Quäken und Töten von Menschen, nichts zu tun, sondern teils mit naturbedingten Ereignissen, teils mit dem Verhalten des Menschen auf dieser Erde.
Naturkatastrophen geschehen.
Diese werden normalerweise nicht vom Menschen bewusst gesteuert, können jedoch durch dessen Verhalten und Handeln hervorgerufen werden. Auch wenn der Mensch *weiß*, kann er also gegen dieses Wissen handeln. Aus welchen Gründen auch immer, geschieht dies täglich auf unserem Planeten.
Da ist die symbolische Vertreibung aus dem Paradies durch bewusstes Zuwiderhandeln, da sind Naturkatastrophen wie die Vernichtung von Menschen und Städten durch Feuer, in Sodom, wie es heißt, der Unzucht wegen, da ist die Sintflut. Da sind Dürren und Plagen.
Da ist auch der Mord Kains an seinem Bruder Abel. Dieser Mord aber war bewusst gewollt.

Warum sollte Gott, wenn Er liebevoll und gütig oder neutral ist, sich Strafen ausdenkend, sogar Schlimmeres zulassen? **Warum sich in „das Geschenk"** einmischen? Der Mensch scheint dies für *nötig* zu halten. Nicht nur für möglich, nein für nötig. Warum denkt er so?
Alle Epidemien und Seuchen des Mittelalters bis ins 18. Jahrhundert, ja bis heute wurden/werden von vielen als **„Strafe Gottes"** angesehen. Doch Katastrophen geschehen.
Heutzutage mehr und mehr auch durch das Handeln des Menschen. Manche der Katastrophen wären bestimmt vermeidbar in der heutigen Zeit.
Wenn ein Mensch bestraft werden *will*, - warum sollte er sich sonst einen strafenden Gott ausdenken? - was möchte er dann erreichen? Die Entschuldung einer Tat? Die Akzeptanz seiner Reue? Oder das unausgesprochene Eingeständnis seiner Unvollkommenheit? Seiner Schwäche?
Hält der Mensch Gott für so *menschlich*, dass Er straft? Was genau straft?

Fragt ein Mensch, wenn alles „glatt läuft", wenn er glücklich ist, denn auch danach, warum Gott dies zugelassen habe? Warum er gesund ist und der Nachbar nicht? Nimmt er es nicht als selbstverständlich? So, als stehe es ihm zu? Wird nicht meist nur dann inbrünstig gebetet, wenn die Situation elend oder unerwartet schwer ist?
Aus welchem Grund glaubt der Mensch, ein dauerhaftes Recht auf Glück, Gesundheit oder materielle Güter zu haben, während er doch Gottes Strafe ansonsten fürchtet?
Das Leben in einer Gesellschaft bindet den Einzelnen an Rechte und Pflichten, sicher in einer demokratischen Gesellschaft. Das gilt auch für religiöse Gemeinschaften. Große Religionsstifter wie Moses etwa oder Mohammed wussten dies. Ihre Visionen von einer schützenden und zugleich zusammenhaltenden Gemeinschaft, in der die Mitglieder gemeinsam gegen „den Feind stehen", schrieben sie in Gesetzestafeln bzw. in Suren nieder und schufen damit Normen und Gesetze für nachfolgende politisch wie religiös befriedete Gesellschaften. Dass sie ihr *Wissen* aus ihrem tiefen Glauben gewannen, bestätigt ihre bis heute geltende Vorbildfunktion.

Heute sind viele Rechte global in *Grundgesetzen* verankert, im Prinzip basierend auf den Gesetzen der frühen Religionsstifter, weil Normen und Werte durchaus verlierbar sind oder doch sein können. Das betrifft generell Festlegungen rechtlicher Normen wie ethischer Werte, nach denen sich politisch befriedete Gesellschaften richten sollen und können.
In religiös ausgerichteten Staaten spielen jedoch religiöse *Vorschriften* eine wesentlichere Rolle für das Individuum als das festgelegte *Recht*. Gleiches gilt für ideologisch ausgerichtete Gemeinschaften. *Vorschriften* sind von Generation zu Generation übertrag- und veränderbar. Sie basieren rein auf religiösen Traditionen. So wird in einem „Gottesstaat" wohl

kaum jemand „Warum?“ fragen. Die Antwort ist vorgegeben, sowohl bei Krankheit, Tod wie bei Glück.
Doch bei Grausamkeit?
Welcher Gott sagt: „Du sollst töten“ oder; „Genieße das Foltern“?
Sind aber Kirche und Staat getrennt, ist die Staatsform also laizistisch, fragt so mancher: „Warum ich?“, wenn ihn ein Unglück trifft.
Covid 19 jedoch als Strafe Gottes zu begreifen, gar eine persönliche, ist somit eine individuelle, nicht allgemeingültige Interpretation. Denn wer an Covid 19 stirbt, hat doch nichts anderes getan als sein Nachbar - er hat gelebt. Sich nur leider infiziert. Strafe?
Woher weiß ein Mensch, dass Gott straft?
Weil Abweichungen von geltenden Normen auch heute noch in den meisten Gesellschaften geahndet werden? Diese Normen sind von *Menschen* festgelegt.
Wie nahe sind heutige Gedanken an einen strafenden Gott noch jenen an die Götter des Olymps! Diese straften, wenn sie sich beleidigt oder hintergangen fühlten. Welch erstaunlich *menschlichen* Züge. Kann en Mensch den *Allwissenden* denn tatsächlich hintergehen?

Wie unglaublich selbstverständlich geht der heutige Mensch davon aus, Rechte zu haben, ohne an mögliche Pflichten zu denken. Wenn er das wirklich meinte, müsste er auch wissen, dass Mord und Totschlag nicht aus dem Himmel herabfallen, sondern persönliche Entscheidungen sind.
Grausamkeit gehört sicher zum Wesen des Menschen wie sein Ego und sein Wille. Das aber hat nichts mit einem strafenden Gott, sondern mit unterschiedlichem Wollen, also mit Macht und Ohnmacht des Menschen zu tun.
Angenommen, Gott hätte alles Grauen zugelassen, und es gibt etliche, die Gott eine gewisse Schuld an den Unmenschlichkeiten der Hitlerzeit, an den Konzentrationslagern, Foltergefängnissen und Kriegen zuschieben, tilgt das die

Schuld des Einzelnen, der sich entschied, so und nicht anders zu handeln?
Wenn der großartige Nachbar jemanden umbringen lässt und **ich helfe dabei**…? Spricht das ihn oder mich frei?

Nur weil der Mensch imstande ist, Menschen und sogar seine Kinder zu töten oder sie zu missbrauchen, erklärt dies doch keine Verbindung von Gott zum Tun des Menschen. Selbst wenn der Mensch im Namen Gottes Terrorakte verübt, betrifft dies das Tun des Einzelnen.
Denken und Fantasie des Menschen waren und sind keine himmlischen Zutaten, sondern haben sich durch die Jahrtausende entwickelt. Und beides, Denken wie Fantasie, kann er mit Emotionen nähren wie Verachtung, Hass, Vorurteilen, mit bösartigem Vernichtungswillen und pervertierter Lust, doch ebenso mit Güte, Freundlichkeit, Mitgefühl, Heiterkeit, mit Liebe, Dankbarkeit und Kultur. Sei es die Kultur des Wortes, es Bildes oder der Musik, die Kultur des Herzens, des respektvollen Umgangs miteinander und mit den Wissenschaften, soweit letztere im Dienst des Menschen stehen.
Diesen gesamten janusköpfigen **„Reichtum"** kann der Mensch seit jeher in sich entwickeln, wenn er das möchte.
Was der Einzelne aus seinen Möglichkeiten macht, obliegt im Wesentlichen seiner Verantwortung, abhängig und unabhängig zugleich von der Gesellschaft, in der er lebt. Sich dessen bewusst zu werden, meint oft keine so angenehme Erkenntnis. Und gern würde sich ihr manch einer entziehen.

So waren auch die letzten Worte A. Eichmanns, dass *er „immer gottgläubig gewesen sei und gottgläubig sterben werde"* (ARD/BR Dokumentation vom 6.4.2020), seine persönliche Meinung, die niemand mit ihm teilen muss angesichts der Tatsache, dass er Tausende von Todesurteilen bedenkenlos und unbesehen unterschrieb.

Diese Worte Eichmanns zeigen einen Menschen, der sich durch sie eine Art Verständnis erhoffen mochte. Als könne ein gottgläubiger Mensch nichts Böses tun!
Tötungsdokumente unterschreiben, indem er bedenkenlos Befehle ausführt, hat weder mit Gott zu tun, noch rechtfertigt je eine religiöse Haltung die persönliche Verantwortungslosigkeit. Auch wenn ein Täter meint, er habe aus perfektem Gehorsam gehandelt.

Es gab manch philosophische Strömungen, die Gott den Vorwurf machten, Er habe den Menschen als eine armselige, unvollkommene Kreatur geschaffen.
Das *Unvollkommene* stimmt. Gerade weil der Mensch unvollkommen ist, hat er ja die Freiheit, sich so oder anders zu entwickeln, so oder anders zu entscheiden.
Der Mensch kennt nur vollkommene *Momente,* scheinbar vollkommene Kunstwerke, er selbst aber ist in sich stets veränderlich wie das Leben selbst. Vollkommen sein zu wollen, dieser Wunsch scheint sich in der Technik mehr und mehr zu realisieren. Was aber will er mit einer Perfektion, die nie vollkommen werden kann? Nicht einmal in der Bibel steht, dass Gott nach allen Schöpfungstagen sagte: „Siehe, es ist vollkommen!" Da steht nur das Wort: „Und siehe, es ist gut!"
Nein, es ist keine perfekte Welt entstanden und damit auch kein vollkommener Mensch, sondern eine Welt, in der lebendiges Leben möglich ist, somit auch ungeheuerliches Grauen. Der Mensch vergisst darüber oft, dass er sich entscheiden kann. Unter welchen Umständen auch, wie schwer es auch sein möge. Wäre sich der Mensch und mit ihm seine Gesellschaft immer der Konsequenzen jeglichen Handelns bewusst, - was durchaus oftmals möglich ist - dann hätte er schon seit Jahrhunderten das schlichte Denken entwickelt, sich selbst in Frage zu stellen und das Leben als Prozess statt als gegebenen Zustand sehen zu wollen.

Stattdessen begann er, mehr und mehr nach *Macht durch technische Perfektion zu streben, was Unterdrückung einschließt.* Die starken gesellschaftlichen Veränderungsprozesse durch diese stets schnellere technische Entwicklung der letzten einhundert Jahre haben zwar die Entwicklungsmöglichkeiten des Einzelnen vergrößert, doch nach den vielen menschlichen Katastrophen auch in Frage gestellt.
Perfektion gegen Menschlichkeit? Es könnte sein ...!
Vorerst scheint der Perfektionierungswille vieler Menschen ungebrochen. Dennoch wächst allmählich ein Verständnis dafür, dass Perfektion in eine kalte, starre Welt führt.
Die Corona-Pandemie zeigt den Menschen jählings und in gewisser Weise brutal, was es bedeuten würde, nur noch als Eingeschlossene leben zu müssen, stets mehr ohne direkte menschliche Begegnung und Freude, nur auf Technik angewiesen. Diese vom Menschen entwickelte Technik macht gerade durch ihre Effizienz die Unplanbarkeit des Lebens und der eigenen Erfahrungen deutlich.

Naiv war wohl im 20. Jahrhundert nur noch der, der es sein wollte. „Wir liefern keine Waffen mehr an Krieg führende Nationen!"
Nein, natürlich nicht! Nur noch an deren gut zahlende *Freunde.*
Warum seufzt hier niemand: „Gott, warum lässt du das zu?"
Es bringt eben Geld ins Land. Doch dass der willentlich einem Menschen zugefügte Tod nicht wirklich zählt, nie gezählt hat, außer für die Familie, für Freunde und Bekannte, vielleicht hin und wieder für Tagesnachrichten, das sagt dem Neugeborenen niemand an der Wiege, keine gute und keine böse Fee. Man verzeihe die Ironie.

Warum schreit niemand auf, wenn ein Mann sein Auto in eine Menschenmenge fährt, gar noch in eine Kindergruppe? Wenn er sein sechs Monate altes Baby missbraucht, eine

Mutter ihren fünfjährigen Sohn Freunden zum sexuellen Vergnügen anbietet: **„Gott, warum** lässt **du das zu?"**
Sind das keine Grausamkeiten? Oder ist es nicht grausam genug? Grauen ist nicht messbar. Es ist Grauen. Ein Verbrechen, das dem Willen des Menschen entstammt. Braucht der Mensch immer erst ein Übermaß an ungeheuerlichem Leid, bis er aufschreit? Und meint er dann wirklich:*„Wie konntest du das zulassen, Gott?"*
Oder schreit er vor Scham auf? Vor Verzweiflung über sich selbst? Sucht er wie Hiob eine Antwort, warum Gott diese Leiden zugelassen habe? Und weit schwerwiegender: *Warum* Er das Ungeheuerliche zuließ?
Welche Antwort erwartet ein Mensch auf solche Frage? Eine mitleidvolle? Entschuldigende? Zornige oder abweisende? Eine trotz allem liebevolle, tröstende?
Was genau hat Gott denn zugelassen?
Dass Menschen verletzt und getötet werden oder dass Menschen andere verletzen und töten? Oder beides? Weil der Mensch das tun *kann* und *will*, weil es ihm Spaß oder doch Genugtuung bereitet? Hatte jemand den Menschen gezwungen, so zu handeln? Hatte er wirklich keine Wahl? Emotional-psychisch verkorkst? Krank? Also entschuldigt?
Oder meint diese Frage, dass der Mensch *vollkommen* leider nur denken, nicht aber leben könne? Kann er den Inhalt des Begriffs *vollkommen* denn realiter denken? Oder eher nur ahnen, was *Vollkommenheit* sein könnte?
Gewiss gibt es vollkommene Momente reinen Glücks. Freude, Hingabe, Liebe können vollkommene Augenblicke auslösen, doch auch jene Seite des Menschen meinen, die nicht konstruktiv, sondern destruktiv ist. In wieweit diese Momente tatsächlich mit Vollkommenheit zu tun haben, mit momentaner Befriedigung oder doch mit dem, was manchmal strahlendes Glück, manchmal sadistische Freude ist, hängt wohl mit der Intention oder der Absichtslosigkeit zusammen. **Es gibt eben auch die „diabolische Freude"**. An Destruktion kann ein Mensch durchaus Freude empfinden.

Würde er sonst so leidenschaftlich Kriege planen, führen und mit nahezu perfider Hingabe Leben zerstören?
Emotionen haben im Menschen mindestens zwei Gesichter, je nachdem, wie er sie einsetzt oder erleben will. Oder wie sie ihm nutzen.
Sie, die die Formulare unterschreiben, Hinrichtungen, Folter und Töten auszuführen, scheinen ebenso zufrieden mit dieser „Arbeit" zu sein wie jene, die eine andere berufliche Aufgabe ausführen.

Schon vor Jahrtausenden fiel es dem Menschen ein, andere nicht als *Mensch* sehen zu wollen und ihnen den Kopf abzuschlagen oder abzuschneiden wie Tieren, wenn *der Andere* ihm nicht passte oder ihn verunsicherte. Es war durchaus normal, ihn zu foltern und zu Tode zu quälen. Selbst im 19. Jahrhundert wurden Menschen noch gevierteilt, und das Volk „ergötzte" sich daran. *Ergötzen* – ein dramatisches Wort, in dem die falschen Götter, die Götzen, ihre Existenz feiern.
Hinrichtungen, Steinigungen, Giftspritzen – sie haben nichts mit Gott, nichts mit Schicksal, sondern nur mit den Vorstellungen von Menschen zu tun, die meinen, das Recht zu haben, anderen Menschen, doch auch Tieren, grausamstes Leid antun zu dürfen bis hin zum Tod. Um eines Vorteils willen. Der Mensch empfindet sich in vielen Situationen oft selbst als „Gott", spielt gern „Schicksal".
Es heißt jedoch in der *Genesis*: *„Wenn ihr davon esst, werdet ihr sein wie Gott!"* nicht aber: *„…werdet ihr Gott sein!"* Begreift denn der Mensch den Unterschied nicht zwischen *wie Gott sein* und *Gott sein* …? Lag und liegt vielleicht im *Willen* des Menschen sein wirklicher *Sündenfall*? Nur, wann beginnt ein Mensch zu *wollen*? Wohl nicht erst, wenn er sich seines kleinen Ichs bewusst wird.
Entsteht nicht das meiste Leid auf dieser Welt durch den menschlichen Willen? Sicher nicht immer bewusst, teils auch durch Unwissenheit, gewiss, aber oft durch bewusstes

menschliches Wollen und Zutun. Es bleibt unvorstellbar, wozu Menschen untereinander fähig sind.
Von der ungeheuerlich grauenhaften Menschenvernichtung in den Konzentrationslagern bis hin zu Folter, zu Mord und Totschlag in der Familie – der Mensch kann dies alles wollen und auch tun.
Er denkt sich Flugzeuge aus und Bomben, Luxusschiffe und U-Boote, die digitale Welt und Cyberkriege. Er kann das, also macht er es.

Chemiebomben, Überdüngung, unzureichende Tierhaltung bis hin zu Tiermord, Medikamentenmissbrauch, Menschenmissbrauch …
Die Antriebsfeder zu all dem sind meist Gier, wonach auch, sind Hybris, der Wunsch nach Lusterfüllung wie der Egodünkel des Menschen.
Lässt Gott zu, dass wir sind, wie *wir* sein *wollen*? Oder nur, wie wir sind? Nimmt sich nicht vielmehr der Mensch das Recht, zu sein, wie *er* sein *will? Er will sein wie Gott*!
Das zeigt bereits die Paradies-Geschichte.
Alles zuzulassen, mag freiheitlich erscheinen, verkennt aber die Folgen menschlichen Handelns sowie die Zerstörung durch Willkür und Zwang, seien diese zeitweilig politischer, moralischer oder pur egozentrierter Art.
Wenn ein junger Mensch Grauenhaftes ausführt, wenn er Menschengruppen angreift, Kirchen oder Synagogen anzünden will, am liebsten noch mit Menschen darin, wenn er einem Mitmenschen köpft oder auf offener Straße erschießt, weil der anders aussieht, also gewiss anders denkt und betet, so sind dies individuell gewollte Taten, die auch durch ein ideologisches Getriebensein nicht weniger *individuell gewollt* werden. Mag ein Mensch noch so sehr indoktriniert sein und dies zu seiner Entschuldigung anführen, eine Gewalttat blind ausführen, bleibt eine persönliche Entscheidung, mit der er sich meist auch selbst beschädigt.
Zum Problem wird es für ihn, wenn er begreift, dass er in einer kriminellen Gruppe gelandet ist und nur unter

Lebensgefahr wieder herausgelangen kann. Das Abwägen und Handeln jedoch bleibt ein individueller Akt. Allgemein wird der Mensch nicht als Held geboren. Sein Handeln wie sein Mut sind oft situationsbedingt menschlich.
Der Gedanke an Gott mag manch einen in seinem Tun bestärken, dennoch würde wohl kaum jemand fragen, warum Gott dies zugelassen habe, sondern warum man sich mit solch einer Gruppe verband.

Auch die *Büchse der Pandora* weist unterschwellig auf Schuld. Offensichtlich braucht der Mensch eine Instanz, ein anderes Wesen, dem er eine schwierige Lage, seine Schuld oder die eigene Hilflosigkeit anlasten kann. Dabei *erkennt* er durchaus, wenn auch oft eher vage, manch weitreichende Konsequenz seiner ich-bezogenen Lebensart.
Statt sich zu hinterfragen und dann zu handeln, versucht er oft, eine weitere Zerstörung von Leben zunächst durch Geld auszuhebeln, anstatt nach der Ursache seines Verhaltens zu suchen.
Geld versus Moral? Steht da der Verlierer nicht schon fest?

Es geht nicht um ein moralisches Korsett von Regeln und Forderungen in einer globalen Welt, sondern darum, den Menschen aus der egozentrierten Haltung herauszulösen und ihn zu einer ethischen Haltung, zu ethischem und empathischem Handeln unterstützend zu bewegen.

Auch wenn heute scheinbar versucht wird, der Evolution durch Technik die Richtung vorzugeben, so ist Technik an sich doch eine Sackgasse, wenn sie nicht mit lebendigem Leben, mit dem Bio-Logos, verbunden bleibt. Das bewies *Auschwitz* und das zeigen alle heutigen Diktaturen.

Sollte es kein Lehrstoff in heutigen wie zukünftigen Schulen sein, dass Tod und Krankheit natürlicherweise zum Leben

gehören, dass willentliche Zerstörung, Grausamkeit, Folter und Krieg jedoch eindeutig Menschenwerk sind?
Auschwitz war keine Naturkatastrophe, wie auch Folterkammern dies nie waren und sind. Wenn wir die Historie intensiv genug kennten, wüssten wir, dass der Mensch seit jeher zu allem fähig ist, deswegen aber nicht gezwungen, alles auszuagieren. Und würde heute nicht jeder Einzelne *Selbstkenntnis* in einer offenen, demokratischen Gesellschaft für wesentlich, sogar für unabdingbar erachten?
Dem *Orakel von Delphi* hätte ja durchaus mehr einfallen können, es nannte aber nur diese eine Weisheit: *„Erkenne dich selbst."*
Wir Menschen sind heute auf dem Weg dorthin, doch es braucht Zeit. Jeder Einzelne kann so und auch anders entscheiden, so oder anders agieren in seinem Leben. Selbst wenn er meint, das Schicksal steuere sein Leben, so entspringt sein Handeln doch seinem eigenen Willen, womit er das „Schicksal" so manches Mal verändern kann oder könnte. Es sei denn, er denkt und lebt fatalistisch.

Und selbst wenn das Leben des Menschen ein Geschenk Gottes wäre oder ist, wie bereits weiter oben gesagt, so mag die Anwesenheit Gottes in dem Geschenk vielleicht durchscheinen, dennoch ist nicht Gott, sondern der Mensch für den Umgang mit diesem Geschenk verantwortlich. Er kann es zerstören, er kann es pflegen, ablehnen oder dankbar annehmen. Auch wenn es Situationen im Leben eines jeden Menschen gibt, etwa unheilbare Krankheit oder den alltäglichen Überlebensstress, so hat er doch innerhalb dieser Situation, selbst im Sterben noch Möglichkeiten: die des Handelns, des Lassens oder des Nichthandelns, die des Schweigens oder des Sprechens, der Zuwendung oder Abweisung, der Gleichgültigkeit oder der Güte…

Da erübrigt sich die Frage, ob der Mensch im eigenen Leben schneller hätte lernen oder anders hätte agieren können,

hinkt er doch seinen Entwicklungsmöglichkeiten wie auch sich selbst vielfach hinterher.
Die Erkenntnis, dass der Mensch selbst Ausgangspunkt seines Handeln ist, hat weder mit der Existenz oder Nicht-existenz Gottes zu tun noch mit irgendeinem religiösen Glauben, sonder schlicht damit, dass ein Mensch ab einem gewissen Alter für sein Tun und Lassen zuständig ist, weder seine Eltern noch sonst jemand, wie sehr er auch durch deren Existenz oder Nicht-Existenz geprägt wurde.
Auschwitz wurde nicht von unmündigen Kindern erdacht und errichtet. Es waren Erwachsene, von denen sich etliche weder um Gott noch um eine mögliche Existenz Gottes scherten, andere hingegen durchaus gläubig waren. Die einen baten um Gottes Segen und Zustimmung. Andere verlachten solches. Jedes Handeln blieb ein persönliches.
Gewiss kann ein Mensch die Augen verschließen und sagen: **„Ich kann und will das nicht sehen" Oder: „Ich habe damit nichts zu tun!"** Oder: „Das war damals. Das passiert nie **wieder!" Oder: „Wie konnte Gott dies zulassen?"**
Unwissenheit mag für einen Augenblick schützen, kann jedoch nicht gewollt werden.
Besitzt der Mensch denn die Freiheit des Wollens?
Die Freiheit also zu lachen? Zu lieben? Zu quälen oder zu töten? Ja. Ohne Zweifel – ja! Geht doch menschliches Handeln immer mit Emotionen gepaart. Einen Menschen ohne diese gibt es nicht.
Der Wille, einen Menschen, zu töten und der Akt des Tuns liegen im Kopf des Einzelnen nicht weit auseinander und laufen in der Realität dann entsprechend der Vorstellung ab. Eine Menschenmasse reagiert ähnlich.
Der Einzelne ist frei, mitzumachen, mitzubrüllen, mit zu zerstören, wohl wissend, dass seine Entscheidung Konsequenzen hat. Innere und/oder äußere. Diese sind nur nicht immer leicht und schmerzfrei.
Bereits im Paradies besaß der Mensch einen freien Willen, denn Gott stellte es ihm anheim, von den verbotenen

Früchten zu essen oder nicht und zeigte ihm dadurch, dass er selbst entscheiden kann.
Niemand hat den Menschen damals gezwungen. Es gab das Gebot und die Möglichkeit, es zu negieren. Nur hat er die Konsequenz, die Gott nannte, nach eigener Vorstellung interpretiert. Warum sollte der Mensch diese Willensfreiheit verloren haben, nur weil er das Paradies verließ? Das heißt, als er sich seiner selbst bewusst wurde?

Verhindert Selbsterkenntnis die menschliche Entscheidungsfreiheit? Oder öffnet sie das innere Auge für viele, wenngleich nicht für alle Konsequenzen des Handelns und des eigenen Wollens?
Was aber hat es mit Gott zu tun, wenn der Mensch nicht in seinen inneren Spiegel schauen mag, weil er das eigene Zerrbild fürchtet?
Nochmals, es geht nicht um die Frage, ob Gott existiert, sondern *dass* der Mensch dessen Existenz benutzt, um Ihn für etwas verantwortlich zu machen, was der menschlichen Fantasie, dem eigenen Wollen geschuldet ist.
Auschwitz und jegliche Menschenverachtung, jedes aufhetzende Gebrüll war und ist Ausdruck *persönlichen menschlichen Wollens* eben derer, die auch heute die Vernichtung anderer Menschen bejubeln. Und das waren damals und sind heute nicht nur die Ausführenden.

Wer sagt, es koste Mut, über Krieg und menschliche Grausamkeiten nachzudenken, will eigentlich beides lieber nicht sehen, müsste er sich doch eingestehen, dass der Mensch, zu dessen Gattung er gehört, mit der bitteren Erkenntnis seiner selbst oft schwer **„fertig wird"**.
Gewiss ist es nicht leicht, sich selbst in seinem Sosein, seiner eigenen Unvollkommenheit zu akzeptieren *und* auszuhalten. Denn jeder, der gegen andere Menschen hetzt, kennt sein eigenes inneres, oft auch äußeres Gesicht nicht, weil er es nicht sehen *will*. Er wäre erschrocken von seiner Fratze.

Das betraf auch jene, die *Auschwitz* und die Vernichtung so vieler Menschen planten und durchführten. Was sie im Spiegel erblickten, war wohl nur ihre *bravouröse* Vollstreckermiene. Keine **„höhere Macht“ befahl** ihnen, so zu handeln, wie sie handelten.
Soldatesker Gehorsam ersetzt kein Gewissen.

Zudem ist es kruder Machtmissbrauch, Menschen in eine Situation zu bringen, in der sie töten müssen oder selbst getötet werden. Ein Mensch wird nicht immer mutig geboren, doch sicher nicht so, dass er Befehlen fraglos zu gehorchen habe, wie widersprüchlich die Lage auch sein mag. Eigene Vorteile spielen wohl manchmal eine Rolle.
Zu einer Gesellschaft zu gehören, heißt nicht, sich ihr gedankenlos anzupassen. Der Mensch besitzt bei weitem mehr konstruktive Freiheit als ihm die offenste Gesellschaft einräumt. Sie ermöglicht jedoch eine rücksichtsvoll gebändigte Freiheit, die aber unter gewissen Umständen auch gegen diese gerichtet sein kann, etwa in einer Diktatur.

In der heutigen Zeit verteidigen die einzelnen Geschlechter ihr gleichwertiges Daseinsrecht ebenso wie die eigene Hautfarbe und die eigene Religion. Leider waren Religionen allzu lange *die* Zentren hartnäckiger Vorurteile, von vielen Menschen dankbar und unreflektiert übernommen und weitergereicht.
Bedauerlicherweise lernt der Mensch äußerst langsam.
Doch er lernt. Auch wenn es noch im 21. Jahrhundert ein *Antifolter*-Komitee gibt. Ist Folter so normal?
Die Toten, die Gequälten, Gefolterten, wurden und werden sie je gefragt, ob sie damit fertig wurden? Sie waren keine Dinge, auch wenn sie Nummern tragen mussten statt Namen. Heute sind Menschen stets mehr verifizierbar über Nummern. Sie waren damals einfach Menschen wie wir heute Menschen sind, lebendig hoffende, liebende Wesen, die leiden konnten und litten. Die leben wollten und ein

Recht darauf hatten und haben, wie ein jeder derer, die ihre Macht über sie ausübten, damals wie heute. Vergangenheit existiert nie ohne Gegenwart.
Es gibt heute kein einziges Recht, einen Menschen zu foltern, zu vernichten, als „wertlos" zu bezeichnen oder als Nichts zu behandeln.
Sicherlich gibt es eine „Charta des Bösen", die nur im Darknet gelten dürfte - und in Diktaturen. Doch auch jene, die mitmachen, mitfoltern, sind Menschen. Wären es Roboter, so wäre es kaum weniger übel und schmerzlich, da diese von Menschen so programmiert wären. Technik aus sich heraus besitzt keinen Willen zum Foltern, Töten oder Vernichten, sie wird so programmiert. Vom Menschen.
Der Mensch aber ist kein emotions- und geistloses Ding. Und doch ist die Welt in ihrem globalen Denken und ihrer technischen Entwicklung auf dem Weg zu einer stets umfassenderen Verdinglichung des Menschen. Auch wenn dieser ein selbständig denkendes Wesen ist, wird er heute allzu oft manipuliert, aus Geld- und Machtgründen.
Dennoch sollte er kein steuerbares Ding werden.
Wenn schon ein Ding „einen Wert an sich" hat, um wie viel mehr der Mensch. Und nicht nur der Mensch, sondern jedes Lebewesen auf diesem Planeten.

In der Bibel steht nicht, welche Hautfarbe Adam und Eva besaßen. Auch nicht, ob sie je einer Religion angehörten. *Nur dass sie Menschen waren und einen Namen trugen, keine Nummern.* Sie waren Menschen, keine Dinge und lebten in einer „religio", einem Verhältnis zu Gott.
Leben und Handeln außerhalb des Paradieses veränderte ihr Verhältnis zu Gott jedoch und entsprang mehr und mehr eigenen Ideen und Wünschen, so wie schon das Essen vom Baum der Erkenntnis. Ab jenem Tag fürchteten sie ihren Gott, nicht aber sich selbst.

Man mag einwenden, hätte Gott sie nicht darauf aufmerksam gemacht, dass es diesen Baum gab, von dem sie besser nicht essen, dann wären sie unschuldig geblieben. Lässt Erkenntnis sich jedoch verhindern?
Selbst ohne ein Wort Gottes wären sie eines Tages darauf gekommen, die beiden Paradiesbewohner, dass sie erkennen, was ihnen vorher nicht bewusst war. Sie sahen doch, dass Pflanzen und Tiere anders waren als sie selbst. Es war also nur eine Frage der Zeit, bis sie begannen, den Anderen als den *Anderen* zu erkennen.

Sich selbst vollständig erkennen, das scheint allerdings auch heute noch eine Unmöglichkeit, so wie der Mensch sich auch nicht von hinten, selbst sein Gesicht nicht sehen kann. Dazu bedarf er des Spiegels. Dieser Blick ist zwar oft nicht nur ein erstaunter, enttäuschter oder entzückter, sondern immer auch mit einer Erkenntnis verbunden. Dennoch: Wohl kaum eine Studie, die es über Machtstrukturen und Diktaturen, über Totalitarismus und das Böse gibt, kann erklären, warum der Mensch die Selbsterkenntnis scheut. Vielleicht ist es gar keine Scheu, sondern Bequemlichkeit?
Sokrates wollte nie etwas anderes, als dass der Mensch sich selbst erkenne und mit dieser Erkenntnis ein *gutes* Leben führen könnte.
Er musste den Schierlingsbecher dafür leeren!
Leider hat es seit jeher geistig-religiöse Strukturen gegeben, die den Willen des Menschen brechen wollten und brachen, die das Denken für Andere übernahmen, ohne etwas Besseres dafür anstelle zu setzen außer dem **„Nichtdenken“**, das jegliche Selbsterkenntnis unterdrücken sollte.
In heutiger Zeit wird auf andere Weise manipuliert und dem Menschen sein Denken, sich Hinterfragen und Selbsterkennen *abgenommen*. Damit scheinbar auch jene Verantwortung, die die eigene ist. Wird ein Mensch auf diese Weise nicht zugleich der Fähigkeit beraubt, eigenständig leben zu können?

Warum lässt er es dann zu? Wie soll er sein eigenes Leben noch reflektieren, wenn er es als solches gar nicht mehr spürt oder lebt?
Warum sollte er dann noch Demokratie wollen?

Wenn die Achtung vor dem eigenen Leben entfällt, warum sollte ein Mensch dann das Leben eines anderen achten? Denkstrategien werden vereinfacht, polarisiert. Auch wenn es oft so scheint, als ob Menschen unter fast geschlossenen Lidern hindurch etwas von dem begriffen, was lebendiges Leben ist, so schließen sie die Augen häufig doch lieber als sie zu öffnen. Beträfe dies nur Einzelne, könnte es als eine Frage der Bequemlichkeit angesehen werden. Da es aber Gesellschaften betrifft, ist es wohl eine Frage der Macht. Demokratie ist kein manipulierbarer *Zustand,* sondern ein steter *Prozess* innerhalb der Gesellschaft, also verlierbar. Doch auch wehrhaft!
Obwohl der Mensch die Hybris besitzt, Gottgleich sein zu wollen, sogar das Lebensprinzip zu verstehen, indem er der Natur oft fröhlich ins Handwerk pfuscht, so zeigt er sich von seiner technischen Seite her insofern berechenbar, als er jede Erfindung Januskӧpfig nutzt, positiv wie negativ, ungeachtet aller Konsequenzen, wenn es ihm nur Vorteile bringt. „Ich habe das nicht gewollt!" vermittelt dann selten eine Erklärung, wird aber gern als solche gesehen.
Der individuelle Mensch hat fast immer eine Wahl.
Die allerwenigsten Dinge und Situationen im Leben sind alternativlos, schlicht, weil das Leben selbst immer Alternativen findet und anbietet. Wobei die Alternative auch zu einem anderen Ergebnis führen kann.

Nicht jedoch beim Tod.
Dieser lässt sich zwar verschieben, nicht aber aufheben. Der Tod eines jedes Menschen, ob natürlich oder gewaltsam, ist und meint das *Ende* individueller Existenz. Jedoch erst das *Nicht mehr Erinnern,* also das Vergessenwerden eines

Menschen wie auch einer Handlung schafft wirkliches Auslöschen.

Ob ein vollständiges Auslöschen gelingt, entscheidet somit der Mensch, als Individuum wie als Gemeinschaft.

Zu wissen, dass der Mensch vieles tun *kann* und es oft auch tut, dass er Lebewesen lieben und schützen, doch auch quälen, foltern und auslöschen *kann,* hält so manchen nicht davon ab, es zu verwirklichen.

Fantasie und Technik bilden dabei ein starkes Duo.

Generell schätzt der Mensch das technische Vermögen in Bezug auf den Nutzen, den er damit erzielen kann.

Doch auch Denken, Kunst und Architektur, Wissenschaft und sogar das Lesen und Schreiben Können sind *technische* Fähigkeiten. Wenn der Mensch eine Fähigkeit aber verwirklicht, so ist das Resultat erstarrt, sei es im Bild, im Buch, in einer Komposition, in Robotern oder mittels Künstlicher Intelligenz, in allen geschaffenen Artefakten. So auch in Werkzeugen, die er sich ausdenkt, um quälen, zerstören, töten zu können, doch ebenso, um zu helfen, zu kommunizieren und zu schützen. Immer entspringt die Technik dem Willen des Menschen, nicht umgekehrt.

Hannah Arendt befasste sich in ihrem letzten Werk „*Vom Leben des Geistes*" mit dem *Denken* und dem *Wollen*, in dieser Reihenfolge. Den Band über „*Das Urteilen*" konnte sie nicht mehr beenden.

Es bleibt die Frage, ob das *Urteilen* unmittelbar zur *Technik* des Denkens gehört oder ob es ein Gleichgewicht zwischen *Denken* und *Wollen* darstellt. Gewiss ist es mehr als das Resultat von Denken und Wollen. *Urteilen* kann nur ein denkendes und zugleich emotionales Wesen.

Beurteilen kann heute auch ein Computer, ein Roboter, also ein rein technisches Konstrukt, als Algoritmus im PC oder etwa als Humanoid, wenn der Input eine Zusammenfassung entsprechender menschlichen Erfahrungen umfasst.

Auch so mancher Mensch dürfte leichter nach einem vorge-

gebenen Rahmen *beurteilen* als eigenständig *urteilen* wollen. Wonach etwa wird Normalität, wonach Ausgrenzung eines Menschen, wonach sein Fremdsein beurteilt?
Heutzutage zählt die *Künstliche Intelligenz* umso mehr, wenn sie sich dem Menschen als Denk- und Entscheidungshilfe anbietet. Oder entwickelt sie sich zu seinem Konkurrenten? Sie spielt eine stets wesentlichere Rolle, so bei Verwendung bewaffneter, automatisch schießender Drohnen. Oder beim vollständig vernetzten Haus oder Auto.
Die Freude eigenen Handelns bei letzteren beiden wandelt sich dabei stets mehr zu technischer Abhängigkeit. Dadurch wird der Mensch berechenbarer, also steuerbar. Wird er deswegen weniger verantwortlich, auch wenn das vielleicht ein Ziel sein mag?
Wer bewusst Teile seines Denkens und Erinnerns an einen alles vernetzenden *Schlüssel* abgibt, an vorgegebene Strukturen, deren Qualität in ihrer Berechenbarkeit liegt, verzichtet auch auf persönlich lebendige Freiheit, auf Improvisation des Denkens. Oder öffnet die Vereinfachung der restlichen Strukturen gerade den Weg in eine neue Freiheit? In welche dann?
Wäre unter den heutigen technischen Bedingungen ein derartiges Ausmaß an menschlich Unfassbarem wie in *Auschwitz* nicht mehr möglich? Weil dadurch eine individuell bewusste Entscheidung und damit die moralische Schuldfähigkeit entfielen?
Gibt der Mensch also mit der Perfektionierung der Technik sein Gewissen ab?
Waren es bereits damals Gewissenlose, die die Vernichtung von Menschen technisch perfektionierten?
Manchem mag das Erinnerungsvermögen als ein gewisser Zwang erscheinen, vieles behalten zu müssen. So verlässt er sich lieber auf Technik und speichert seine Erinnerungen, um sie bei Bedarf abrufen zu können. Aber eben nur dann. Folgt er damit nicht einem alten Herrschaftsmuster: „Mein Sohn, meine Tochter, wir denken für dich“?

Denn ein Mensch erinnert sich natürlicherweise nicht per Knopfdruck.
Werden Gehirn und persönliches Bewusstsein zu fossilen Relikten der Evolution? In vorgegebenen erstarrten Strukturen lebt es sich bequem. Fragen, gar hinterfragen wird überflüssig. Ist es das, was der Mensch wirklich möchte?
Es wird weiter getötet, doch der Mensch hat keine Schuld mehr? Es wird weiter vernichtet, doch keiner ist mehr verantwortlich?

Schon früh entwickelte der Mensch *Ethik* als ein Grenzsystem, einen Schutzwall, der allerdings nicht starr, sondern flexibel war und ist, je nach Gesellschaft. Nirgendwo ist sich der Mensch näher als in seinem Vermögen, ethisch zu denken und zu handeln, was zugleich seine Verwundbarkeit innerhalb der jeweiligen Gesellschaft aufzeigt.
Nur, wenn man Gott in eine ethische Situation einbezieht, wird Er dann zur Grenze oder zu einem Bezugspunkt, in dem der Mensch sich innerhalb des Kosmos verorten kann? Vor allem, wenn er tiefgläubig ist?
Im religiösen Sinn **„gläubig" zu sein**, ist sicher nicht jedem gegeben und wird oft als *Gnade* erfahren. Sich im Kosmos verorten zu können, schließt die Existenz einer sinnerfüllten Beziehung ein. Ob diese Gott sein müsse, ein Wesen oder eine Kraft, eine Energie oder etwas Unbekanntes, hängt von Einsichten, Erkenntnissen und Vorstellungen ab.
Glauben im Sinne von „jemandem blind **vertrauen"** – das ist etwas anderes. Warum sollte man einem Menschen blind vertrauen, wenn man doch zwei Augen hat, d.h., wenn man etwas erkennend hinterfragen kann? Selbst ein tiefgläubiger Mensch kennt Zweifel an Gott. Denn mit dem Glauben ist oft auch *Erwartung* verknüpft. Erwartung - nicht Hoffnung.
Dieser Glaube, der weder erklärbar noch eine Technik ist, so wie Hoffnung und Liebe dies auch nicht sind, lässt Zweifel und Fragen zu. Nicht aber Vorwürfe. Vorwürfe aufgrund von Erwartungen. Damit ändert sich eine Beziehung.

Denken – Wollen – Urteilen – Vom Leben des Geistes…
Diese drei sind weder nur Denken noch Wollen noch gar Urteilen oder nur Gefühl, sie sind vielmehr Ausdruck der Komplexität des Menschen, in seiner Körperlichkeit wie seiner Geistigkeit. Gerade diese Komplexität lässt manchen einerseits zur Hybris, andererseits zur Unterwürfigkeit neigen. Wie anders könnte er sonst fragen, warum Gott Leid, Elend oder Unglück zulasse? Erwartet er wirklich eine Antwort? Ein Eingreifen Gottes? **Oder „benutzt“** der so Denkende Gott dazu, die eigene Wesensart zu leugnen, nämlich die, für sehr vieles im Leben verantwortlich zu sein?

Warum sollte Gott den Menschen als Spielzeug benutzen? Ist nicht ein derartiges Gottesbild im Grunde frühen menschheitlichen Ursprungs, entstanden aus Fantasie, Furcht und Hilflosigkeit? Was sicher auf Unwissen über sich und die eigene Natur beruhte.
Wir leben auch nicht mehr im Zeitalter von Zeus und Jupiter, die den Menschen, wie diese damals glaubten, ein Schicksal auferlegten und dann zuschauten, wie sie damit fertig werden. Selbst wenn es *Schicksal* gäbe, heißt das dann, dass der Mensch diesem für immer ausgeliefert sei und keine Möglichkeit besitze, es beeinflussen zu können?
Kann er sein Leben trotz mancher sogenannter *Schicksalsschläge* nicht doch sinnvoll und eigenständig gestalten und leben? Sogar mit einem Lächeln? Mit innerer Größe?
Viele Überlebende haben es bewiesen.
Gewiss, der Mensch kann auch scheitern, kann zerbrechen.
In sehr vielen schweren Situationen aber sucht und findet er meist einen Ausweg, einen Neubeginn, ein Weiter.
Basiert die Art, *wie* er also auf das Schicksal reagiert, wenn er es überlebt, auf seiner eigenen Stärke oder auf der des Glaubens? Für sehr viele Menschen beruht sie wahrscheinlich auf beidem.

Letztlich ist der Mensch immer auf der natürlichen Suche nach dem inneren Gleichgewicht und lässt Leben zu.

Aufschreien oder dulden?
Auch ein gläubiger Mensch schreit manchmal auf bei all dem Leid und all der menschlichen Grausamkeit, der er begegnet oder von der er vernimmt. Sicher ruft eine Vernichtungsmaschinerie wie jene in den NS-Konzentrationslagern, damals das Ende eines entmenschlichenden Weges von Erniedrigung, Folter bis in den Tod, Entsetzen auf, auch heute noch, nicht nur, wenn ein Mensch diese Lager betritt, durchschreitet und sich des ungeheueren Grauens dort bewusst wird, „**erinnert**".
Allerdings ruft der nicht Gläubige keinen Gott an, sondern verstummt. Erkennt er das Unfassbare als Menschenwerk?
Ein umso größerer Dank gebührt daher all jenen, die diese Lager heute als Gedenkstätten für zukünftige Generationen zu bewahren suchen. Denn die Augen bewusst vor dem Leid verschließen zu wollen, macht das Leid nicht ungeschehen, leistet aber oft der *Gleichgültigkeit* Vorschub, einer Unempfindlichkeit gegenüber all den Verbrechen, von *Menschen* erdacht und begangen.
Hätte der Papst, als oberste Instanz der Katholiken, nicht auf die Idee kommen können, zu fragen: *„Mensch, warum hast du dies Grauen nicht verhindert?"*
War es nur geistige Hilflosigkeit, die zu seinem Vorwurf an Gott führte?
Worauf und wogegen richtet sich dieser Vorwurf, der offensichtlich Leid, Unrecht, Grausamkeit und Schmerz als menschlich unerträglich anerkennt und zugleich sein eigenes Entsetzten erkennt? Bleibt die menschliche Schuld nicht bei aller Anrufung Gottes unbenannt? Hat Gott dem Menschen nicht geboten: *„Du sollst nicht töten"*?
Dennoch macht dieser Gott den Vorwurf, Er habe das Töten und die Vernichten zugelassen.

Die Fähigkeit zur Selbsterkenntnis ist jedem Menschen gegeben. Für dieses Geschenk mag er dankbar sein oder es verfluchen. Wie er damit umgeht, entscheidet er durchaus persönlich, unabhängig und doch eingebettet in seine Gemeinschaft und Familie.
Der Mensch ist sicher zu allem fähig, doch meistens sucht er positive Lösungen, oder solche, die er für positiv hält, aus Überlebensgründen. Und er lernt, wie mühsam manchmal auch, aus seinen Fehlern.
Weniger allerdings lernt er aus seinem destruktiven Handeln, das ihm am leichtesten fällt und das er höchst ungern aufgibt oder gar reflektiert. Es geht dabei nicht um Wahrheitssuche, denn „Was ist Wahrheit?" Nein, es mag kaum erstaunen, dass der Mensch Schuld gern weit von sich weist und lieber einen *Schuldigen* sucht, einen, der das hätte verhindern können. Nur, *was* genau verhindern? Dass der Mensch sich Grausamkeiten ausgedacht und in die Tat umgesetzt hat? Oder dass sein Tun erkennbar war, doch nicht von anderen Menschen verhindert wurde?

Seit den beiden Weltkriegen hat der Mensch fast überall auf der Erde durch unvorstellbare Zerstörungen einerseits, durch den immensen Fortschritt emotionsloser Technik andererseits geradezu einen Quantensprung in der Bewusstseinsentwicklung gemacht. Stets mehr begreift ein Großteil der Menschen, dass Leben kein gedankenloser Spaßfaktor ist, sondern fragil und schützenswert. Dass auf dieser Erde alles mit allem zusammenhängt und dies wohl auch im Kosmos so sein könnte. Dass der Mensch als einziges Lebewesen auf diesem Planeten imstande ist, das natürliche und notwendige Gleichgewicht auf der noch bewohnbaren Erde zu zerstören oder zu bewahren. Manchmal zerstört er unwissentlich, meist jedoch bewusst, um persönlicher kurzfristiger Vorteile willen.
Dass ein Mensch überhaupt Gefallen daran findet, sich Ungeheuerlichkeiten auszudenken und sie real zu begehen,

da Gedanken oft nur einen kurzen Weg in die Tat haben, wird er Gott kaum vorwerfen. Doch hat er sie einmal begangen, sucht er nach einem Schuldigen wie auch nach der eigenen Schuldlosigkeit. **Drängt es die „Macher dieser Welt"** also deshalb in den Orbit, weil sie der selbst angerichteten Zerstörung des Planeten Erde entkommen wollen?
Wenn man die Erde verlässt, sie quasi nur noch als Wohnstätte nutzt, ansonsten jedoch alle Entwicklung außerhalb dieser stattfinden lässt, - ein Gedanke, der schon recht weit in etlichen Technikköpfen von NASA, ESA und anderen Weltraumzentren gediehen ist – ändert das etwas in oder an der *menschlichen* Wesensart?
Wer weggeht, nimmt sich schließlich selbst immer mit, sei es auf eine Insel, in die Berge oder in den Weltraum, auf den Mond oder auf welch anderen Planeten auch.
Alles, was wir hier auf dem Planeten tun und lassen, wird auch dort geschehen: Machtspiele, Krieg, Folter, Hass, Liebe, Verbrüderung, Freundschaft, die gesamte Palette menschlicher Emotionen, Gedanken und Fantasien bleibt erhalten.
Es sei denn …
Es sei denn, der Mensch begriffe sich selbst in all seinen Emotionen, verstünde damit auch deren Herkunft, Art, Wirkung und Notwendigkeit, also die Komplexität des Lebens vollständig. **Oder …?**
Oder er mutiert zu einem Roboter, zu einem Humanoiden.
Denn was dem Menschen zum Überleben in außerirdischen Räumen fehlte, wären jene Lebewesen, die das natürliche Gleichgewicht dieses Planeten und damit Atmen und freies Leben des Menschen überhaupt erst ermöglichen: Tiere und Pflanzen. Ohne sie stirbt der Mensch.

Doch selbst, wenn man in der Geschichte nur kurz zurückdenkt und sich vorstellt, dass in den Konzentrations- und Vernichtungslagern Roboter statt Menschen gefoltert und gemordet hätten, so stünde der Mensch dennoch in der

Schuld und nicht nur er, der solche Roboter zu diesem Zweck einer Tötungsmaschine konstruierte und „**fütterte**".
Der Mensch. Nicht Gott.
Niemand wirft seinem Lehrer vor, dass er ihn Lesen und Schreiben lehrte. Bewusst *unwissend* bleiben zu wollen, ist in der heutigen menschlichen Gesellschaft keine Option mehr.
Wenn wir uns in dieser Welt umschauen, warum verhindern wir die Kriege nicht, die es weltweit mit allen furchtbaren Konsequenzen gibt, sondern liefern auch noch, über Drittstaaten, Waffen? Warum schaffen Länder heute bewaffnete Drohnen an, obwohl es noch keine ethische Klarheit darüber gibt, keine allgemeinen Konventionen und sicher noch keine Gesetze für deren „**menschenfreundliche**" Anwendung? Und warum wollen Staaten ihr Atomarsenal von 180 auf 240 Atombomben erhöhen? Jede einzelne der neuen Bomben besitzt heute die vierfache Wirkung der Atombombe auf Hiroshima. Noch mehr töten statt helfen?
Schreit hier jemand auf? Werden Gott Vorwürfe gemacht, solch maßlos zerstörende Waffen zuzulassen? Sie werden genau so bewusst erdacht wie jegliches andere Vernichtungspotential des Menschen.
Hat der Mensch heutzutage eigentlich noch das Recht, sich immer und immer wieder mit seiner bequemlichen Gleichgültigkeit herauszureden, **er habe nicht gewusst... wenn er eigentlich sagen müsste: „Ich habe nicht wissen wollen, hat mich nicht interessiert."** Wenn es Leid und Tod Anderer betrifft, gilt dann plötzlich ein Recht auf Unwissenheit?
Wird das Beispiel des helfenden Samariters deswegen in der Bibel erwähnt, weil es eben *nicht alltäglich* ist, zu sehen *und* helfen zu wollen? Weder damals noch heute?
Was aber sagt das über den Menschen aus, nach einem Zeitraum von gut zweitausend Jahren? Wozu dann all die neuen Techniken, die Künstliche Intelligenz? Damit der Mensch noch effizienter töten kann mit noch weniger persönlichen Konsequenzen? Was hat er denn in all der langen Zeit konkret in sich verbessert?

Die Märchenphase der Menschheit ist längst vorüber.

Und das Wort von der „verführten Generation" ruft Zweifel auf. Vielleicht ist es ein Privileg der Jugend, verführbar zu sein. Aber ist es nicht ebenso ihr Privileg, erwachsen werden und wissen zu können?
Leugner des Grauens hat es zu allen Zeiten gegeben, was jedoch keine Entschuldigung ist. Gerade sie sind es, die zu verführen suchen, indem sie Lügen verbreiten, Fakten als unwahr darstellen oder glatt leugnen. Was aber wollen sie mit dieser Haltung des Leugnens beweisen? Die eigene Verführbarkeit? Oder ihre Kunst des Verführens?
Wer ist daran interessiert, junge Menschen zu verführen, wenn nicht eine Gesellschaft, die ihren wirtschaftlichen Nutzen daraus zieht? Von außen *gesteuerte,* also verdinglichte Menschen lassen sich auch besser benutzen und lenken. Heißt das, die, die Ideologien, Parolen oder Fake News verbreiten, hätten vor allem Verführung und Manipulation im Blick, also Macht, wobei sie sich auf die geistige Bequemlichkeit des Menschen stützen?
Es scheint so zu sein.
Zum Teil werden alte Muster aufgerufen und weitergereicht, auf die der Einzelne selbst nie gekommen wäre. Dies zu erkennen und „Nein!" dazu sagen zu können, lässt sich durchaus in jungen Jahren lernen.
So verhält es sich auch in der Filmbranche, in der Gewalt und Porno von Älteren den Jüngeren vorgesetzt wird mit dem Unterton: „Dies ist das echte Leben!"
Nein, dies ist *nicht* das echte Leben. Es ist die persönliche, häufig auch manipulierende Fantasie Einzelner, die sich jedoch wie ein Schwelbrand unter- und oberirdisch ausbreitet und Menschen ansteckt wie ein bösartiges Virus. Ein Impfstoff dagegen wäre sicher *Menschlichkeit.*
Doch Menschlichkeit gegen die Macht des Geldes?
Will denn wirklich jeder so etwas wie Menschlichkeit?

Welche Seite der Menschlichkeit ist gemeint? Sicher gibt es Viele, die nach Menschlichkeit streben, sie auch leben. Nur – warum sind sie oft so schweigsam? Weil Leben auch immer eine Frage des Mutes ist? Aber wenn man sieht, kann man dann wegschauen? Ja, man kann.
Und es geschieht auch.
Was bleibt dann aber vom dem, was *Menschlichkeit* meint?
Der Mensch als ein Spielball des Schicksals?
Sollte deshalb Gott ins Spiel kommen, damit zumindest jemand ansprechbar ist? Selbst wenn alle Menschen Kinder Gottes sind oder wären, so kommt doch keines verbittert oder Menschen verachtend auf die Welt.
Wenn wir eine Entscheidung treffen und diese irgendwann für *nicht richtig* befinden, hat das mit individueller Einsicht zu tun. Welchen Grund gibt es, dass wir meist nur bei Leid und Desastern nach Gott rufen, nicht aber bei Freude, bei Glück? Bei strahlender Gesundheit? Obwohl sich doch gerade Freude, Glück und Gesundheit oft nur schwer die Waage halten mit Leid und Zerstörung.

Was dem Menschen *vom Menschen* an Leid und Folter zugefügt wird, *ist* Unrecht. Es gibt genetische Veranlagung, Unglück, Pech, menschliche Unzulänglichkeit, menschliche und Natur-Katastrophen, es gibt auch Neid, Missgunst, menschliche Schwäche, Feigheit…. Erwarten wir für all dies eine Rechtfertigung von Seiten Gottes?
Rechtfertigung dafür, dass der Mensch *vielschichtig* ist?
Wissen wir nicht **„instinktiv"**, dass **jede „Monokultur des** Geistes" zum Verlust *menschlicher* Möglichkeiten führt? Nur in der Vielschichtigkeit, in der Vielfalt sind *alle* Seiten des Menschen enthalten. Diese, jene oder eine andere Möglichkeit wählen zu können, macht das nicht die Freiheit des Einzelnen aus? Möglichkeiten zu haben meint wählen und sich entscheiden zu können!
Leid – Krieg – Folter – Vernichtung …

all diese Grausamkeiten kann der Mensch *wollen*. Erleben *wollen*, ausführen und zufügen *wollen*.

Menschen schreien auf, weil sie manchmal das Entsetzen packt und sie die Kraft oder den Mut nicht mehr aufbringen, sich selbst anzuschauen, ähnlich den Seelen in Dantes „Inferno". Doch der Weg des verstehen Wollenden geht weiter, durch die Erkenntnis hindurch bis hin zu einer liebevollen Selbstakzeptanz.
Suizid kann leider auch eine Antwort sein.

Warum aber sollte Gott denn Grauen zulassen *wollen*, wenn sich doch der Mensch selbst dafür entscheidet? Welche Art dunkler Möglichkeiten projiziert der Mensch mit dieser Frage in Gott? In *seinen* Gott? Würde er etwa, wenn er einen Mord begangen hat, fragen: „Vater, Mutter, Eltern - warum habt ihr das zugelassen?"
Was für ein Gottesbild herrscht noch heute bei vielen? Ist es nicht ein allzu menschlicher Gott, der in Kriegen mithilft, Feinde zu vernichten? **Oder der nur den „Guten" hilft und die „Bösen" erschlägt?**
„Er lässt es regnen über Gerechte und Ungerechte."
Eben weil jeder Mensch mal ungerecht, doch auch mal gerecht sein kann. Sieht Gott den Menschen vielleicht erst am Ende einer bewussten geistigen Entwicklung als gelungen? Oder ist Gott selbst noch im Werden?

Katastrophen allerdings geschehen. Heute mehr und mehr auch durch den Menschen verursacht. Der Mensch kann klagen, sich bedauern. Meist aber versucht er, das Leben zu retten, wieder aufzubauen.
Leider gibt es zwischen Menschen nicht immer Solidarität. Sie hören einander in der Not zwar zu, überlegen gemeinsam, helfen sich oft gegenseitig. Doch je gesättigter eine Gesellschaft ist, desto leichter lassen Menschen einander aber

auch im Stich. Oder ignorieren schlicht, was sie selbst nicht berührt.
Dass es in Sodom keinen einzigen Gerechten gegeben haben sollte, um dessentwillen Gott die Stadt verschont hätte, das ist eine grausame *Geschichte*. Wenn es damals wirklich einen persönlichen Gott gegeben hätte, dann hätte Dieser bemerken müssen, dass dort auch kleine, unschuldige Kinder lebten. War ihr Leben Ihm nicht wert? Erzählt die Geschichte nicht eher von einer Feuerkatastrophe? Naturkatastrophen unterscheiden nicht zwischen schuldig und unschuldig!
Ein *persönlicher Gott* entspringt ohne Zweifel menschlichen Vorstellungen, erscheint als die Essenz des vollkommenen *Menschen,* der er aber nicht einmal im Paradies war. Erst allmählich, heute sicher schneller und weitreichender, begreift der Mensch, wie weit eigenes Handeln oder Nichthandeln in die Gesellschaft, die Natur, in den Kosmos hineinreicht und gravierende Veränderungen schafft, negative wie positive. Oft nicht erkennend, welche was ist.

Ist es nicht eine naive Vorstellung, Gott als zornigen, eifersüchtigen, grausamen oder gar Menschen verachtenden Gott sehen zu wollen?
Braucht der *Mensch* diese Fantasie, um sich im Kosmos nicht allein zu wissen? Es geht schließlich um die Perspektive des *Menschen* im All und auf diesem Planeten, nicht um die *Gottes*. Auch nicht darum, ob Gott sich im Menschen verkalkulierte, sondern darum, *wie* letzterer das *Geschenk des Lebens* auf diesem Erde gestalten *kann* und will.

Und, nebenbei, warum geht der Mensch allgemein davon aus, dass Gott ein ER sein müsse? Weil nur Männer grausam oder großartig sein können? Es gab früher doch Göttinnen, Rachegöttinnen, die Erinnyen und Furien, oder Frauen wie Medea, Herrscherinnen wie Katharina die Große, Elisabeth I. von England, heute auch junge Frauen, die sich dem IS anschlossen oder Aufpasserinnen in Lagern. Sie alle haben gezeigt und zeigen, Frauen können wie Männer quälen, töten, grausam handeln, doch ebenfalls großartig, kreativ und feinfühlig sein.

Menschen können eben nur menschlich denken. Trotz allen Einfühlungsvermögens. Daher gibt es in etlichen Religionen keine Abbildungen von Gott, sie sind zum Teil sogar verboten. Etwas, das vielen Christen kaum vorstellbar ist. Ihre Gottesvorstellung ist seit jeher bildlich geprägt.
Michelangelos berühmtes Gemälde eines bärtigen, alten Schöpfergottes, der dem just geschaffenen Adam Seinen Finger des Lebens entgegenstreckt, ohne ihn jedoch zu berühren, da Adam Gott nicht ebenbürtig ist, - was oft übersehen wird - bediente zweifelsohne die damals gängige Vorstellung, die aber auch heue noch lebt.
In so manchen Religionen wurde und wird Gott als *Vater* angerufen und bezeichnen Gläubige sich als *Kinder Gottes.* Dadurch wird allerdings ein Verhalten und ein Verhältnis festgelegt, eines nach menschlicher Vorstellung - mit entsprechenden Konsequenzen. **So schiebt man als „Kind“ einem Vater schon mal eigene Schuld zu. Er hätte besser...**
Gott sei uralt?
Das *Leben* selbst ist uralt.
Es schafft sich immer erneut Form und Gesicht, im Menschen, in allen Lebewesen, in Atomen oder Quasaren. Es kennt unzählbar viele Formen, allein schon auf unserem Planeten. Es ist im Uralten zugleich das stets Neue: Beginn, Veränderung, Zerfall, in menschlich nicht vorstellbaren, ewigen Prozessen. Jedes neu geborene Lebewesen reicht Leben so in uralt neuer Form weiter.
Das Uralte dabei in ein Großvaterbild zu übersetzen, ist verständlich, kann doch der Mensch Gott als Abstraktum nicht denken, geschweige denn visualisieren. Gott als einen persönlichen Gott zu sehen, der individuell Anteil an jeder seiner Kreatur nimmt, entspricht daher menschlicher Art. Denn ein nicht persönlicher Gott würde sehr viele Menschen

in Hilflosigkeit stürzen. Wen könnten sie denn anrufen, um *Hilfe* oder *Erbarmen* bittend? Wohl nur ein *personifiziertes* Wesen schenkt Erbarmen und hilft in schwerster Not. Wen könnten sie in dem riesigen Kosmos sonst anflehen in ihrem Leid, in ihrer Freude?

Der Weg der menschlichen Gemeinschaft in eine *offene Gesellschaft* ist nur dadurch möglich, dass sie sich ständig erweitert und erneuert zugleich. Dabei vollzieht sich *Leben* letztlich ohne Fangnetz, ohne die Sicherheit, die ein Mensch gern hätte. Die pure Existenz in diesem Kosmos ängstigt so manchen. Da ist der Glaube eine reale Hilfe, mehr noch, quasi eine Garantie, dass der Mensch im Kosmos nicht allein ist.
Gegenwärtig wird intensiv nach anderen Wesen im Kosmos geforscht, die eine Erleichterung im Denken des Menschen auslösen könnten. Dadurch könnte sogar die Religiosität in noch unbekannter, anderer Form zunehmen.
Wenn das Bild Gottes als *Vater* eine Funktion hat, dann vielleicht die, dass ein Vater sein Kind mit allem so gut wie möglich geistig und emotional ausstattet, ihm alle Freiheit der Entwicklung gibt und keinen Einfluss mehr darauf nimmt, was das Kind mit und aus seinen Gaben und Talenten macht. So kann ein Mensch sich im Leben einerseits frei entwickeln, seine Talente vergrößern und neue hinzugewinnen, aber andererseits kann er auch vieles verkümmern lassen. Er kann seine Freiheit gebrauchen, um zu lieben, geistig erwachsen und rücksichtsvoll zu leben, kann sie aber auch missbrauchen, um andere Lebewesen zu quälen, zu foltern und zu töten, wenn oder weil ihm dies Spaß macht.
Nicht erst beim Suizid stellt sich also die Frage, *wem* der Mensch denn gehöre, sondern im Leben generell. *J. Amery* vertrat glasklar die Meinung, dass *der Mensch nur sich selbst gehöre* und *die Haut des Menschen äußere Grenze sei*. (Hand an sich legen) Wenn er sich aber selbst gehört, so sind auch

seine Taten die seinen. Und damit ebenso seine Entscheidungen, die lichten wie die dunklen.
Wer sollte dem Menschen dabei hineinreden? Gott? Das Schicksal? Der Zufall? Wenn ein Mensch sich davon in seinem Denken und Handeln abhängig macht, beeinflussen ihn wohl alle drei auf ihre Art.

Der Glaube eines Menschen kann sehr tief und stark sein, ja, er kann selbst **„Berge versetzen"**, wie es in der Bibel heißt. Er kann aber auch zu Selbstsuggestion und sogar zu Überheblichkeit führen.

Etliche Menschen stehen Gott oder den Göttern gleichgültig gegenüber. Darüber hinaus gibt es die, die entweder Gott leugnen, Ihn ein Monster nennen, da Er den Menschen unvollkommen schuf, und die, die den Menschen selbst monströs finden, da er zu verbrecherischem Handeln jeglicher Art imstande ist.
Doch was sollte Gott mit der Mordlust des Menschen oder dessen Spaß an Grausamkeit und Töten zu tun haben? Selbst wenn man Ihn das *Leben* nennen würde? Ein Zusammenhang zwischen Gott und dem Willen des Menschen lässt sich nicht erkennen. Auch nicht, wenn jegliche Willensfreiheit geleugnet würde.
Der Mensch könnte sich beklagen, dass er über Emotionen und damit über Nerven verfügt. Nur ohne sie wäre irdisches Leben nicht möglich. Der einfachste chemische Reiz ist ein schlichtes *angenehm* versus *unangenehm*. Und den besitzen selbst Atome, die sich anziehen oder abstoßen.

Gott als *das Leben* zu sehen, ist vielen Menschen zu unpersönlich. Zu ihm, dem Leben, kann man nicht beten, es nicht anflehen. Wohl aber kann der Mensch ihm zuhören und danken! Wenn er aber danken kann, warum sollte er dem Leben, zumindest auf unserem Planeten, dann nicht mit

Achtung begegnen und es schützen, statt es zu missachten, zu plündern und zu zerstören?
Es wäre ein großer Schritt, wenn der Mensch wirklich begreifen wollte, was er anderen, dem Leben und sich selbst in seinem Egoismus, seiner Gier und seinem Neid antut, nur um der eigenen brüchigen Macht willen.
Generell lässt sich nicht einfach behaupten, dass sie, die morden, foltern, töten, grausam sind und andere quälen, ungläubig seien. Viele Nationalsozialisten, Kriegführenden Mörder, Inquisitoren, auch Menschenverächter und Diktatoren riefen und rufen auch heute Gottes Hilfe an.

Und welche Rolle spielt der *Teufel* im menschlichen Denken?
Es gibt auch heute noch so manche, die an die Macht des Teufels glauben, als Gegenspieler zu Gott.
In dieser Polarisierung zeigt sich im Wesen aber nur die Grundform menschlichen Denkens, das Gegensätze benötigt, um unterscheiden zu können. Wenn also Gott personifiziert wird, dann auch dessen Gegenpol. Das machten sich etliche Religionen zunutze.
Goethe hat ihn recht menschlich und letztlich in seiner Macht als *endlich*, d. h. begrenzt, in seinem *Faust*-Drama dargestellt. Dennoch durchaus als eine Kraft, die *im* Menschen selbst anwesend ist. Er hat deren inneren Anteil in der Figur des Teufels nur sichtbar gemacht. Der Mensch selbst bringt sich durch sein Verhalten in jene Situation, in der er sein negatives Handeln von sich abzuspalten imstande ist. Dies schreibt er dann dem Teufel zu, es ist jedoch das eigene Spiegelbild.
Wenn der Mensch also dem Teufel die Rolle des „Bösen" anlastet, sucht er sich dann quasi „reinzuwaschen"?
„Da muss mich wohl der Teufel geritten haben!" - *„Das war nicht ich. So bin ich nicht."*
Ist es so bitter, sich einzugestehen, dass weder Gott noch der Teufel, sondern man selbst Leid oder Grausamkeiten verursacht?

R. Descartes schuf das Sprachbild von einem *teuflischen Gott,* da Er den Menschen mit bösartiger Fantasien und Spukgestalten ausgestattet habe.
Gewiss ist der Mensch fantasiebegabt, wie viele andere Lebewesen auch, doch *warum sollte Gott den Missbrauch der Fantasie wollen*? Die Fantasie gehört zur Beweglichkeit des Lebens, die ein Mensch kreativ nutzen oder destruktiv missbrauchen kann.
Die Frage „Warum?" hat hier sicher ihre Berechtigung. Sie zwingt den Menschen weiter zu forschen, was ihn zu seinem Tun antreibt, warum er zur Brutalität neigt, sie mag oder gar sucht.
Nur – was genau erklärt die gewonnene Antwort?
Dass die Schuld für menschlich brutale oder gefährliche Fantasie bei Gott liegt? Wenn der Mensch sich eingestehen könnte, dass das Großartige in ihm ebenso vorhanden ist wie das Ungeheuerliche, das Wundervoll wie das Grauenhafte, könnte er vielleicht akzeptieren, dass die zwei Lebensprinzipien, das des Aufbauens wie das des Zerstörens, immer im Leben und damit auch im Menschen wirken? Dass er als Mensch nie perfekt oder fehlerlos sein wird, eben dies aber die Basis für Einsicht und Lernen und damit der persönlichen Entscheidungen ist.
Wer, wenn nicht der Mensch selbst könnte lernen, in sich die beiden Prinzipien zu erkennen, um sie im Gleichgewicht zu halten. Dazu gehört sicher große Demut wie auch der Mut, aus Fehlern lernen zu *wollen.*
Dass hierzu heute durchaus viele junge Menschen wirklich gewillt und fähig sind, stimmt optimistisch, bietet aber keine Garantie.
Zweifelsohne kann der Mensch durch seinen Willen, Geist und seine Fantasie Großartiges schaffen, was alle Kulturen beweisen. Er kann sie aber auch derart in ein Unermessliches steigern, dass er die Übersicht verliert und daran zerbricht. Willen, Geist und Fantasie kann er ebenso dazu benutzen,

andere und sogar sich selbst zu schaden, zu quälen und zu vernichten. Diese Erkenntnis meint keine Entschuldung.

Eine Tragik des Menschen liegt sicher darin, dass er immer wieder versucht, einem Anderen die Schuld zuzuschieben, die er bei sich zwar erkennen mag, doch weder wahrhaben noch haben möchte. Durch Schuldzuweisung glaubt er, sich großteils davon zu befreien.
Dabei ist es wohl weniger die Frage, ob es den Menschen *kränkt*, wenn er *„keine eindeutigen Schuldzuweisungen treffen"* kann (*Liessmann).* Vielmehr bestimmen Aggression und Wut einerseits, Hilflosigkeit und Feigheit aufgrund der Selbsterkenntnis andererseits weitaus stärker sein Ego als jede Kränkung. *Wenn es den oder jenen nicht gegeben hätte, hätte man sich doch ganz anders verhalten!*
Ist das so?
Hitlers Handlanger, seine Schergen kannten ihre Schuld, hielten sich im Gerichtssaal dennoch für „nicht schuldig", sozusagen *ursächlich* nicht schuldig. Sie hatten **nur „Befehle befolgt"**.
Verstärkt eine derartige Logik des Denkens nicht das Eingeständnis der persönlichen Schuld? Denn jemand, der die Idee des Vernichtens nicht selber hatte, sondern sie nur umsetzte und ausführte, wäre nicht schuldig?
Tötungsbefehle ausführen sei etwas anderes als sie selbst zu erdenken?
K. Jaspers unterscheidet den Begriff *Schuld* in *konkrete politische* und *persönliche* Schuld, zu der auch das Mitmachen gehört, sowie eine *moralische* und eine *metaphysische* Schuld. Leugnen wird zu einer doppelten Schuld. Den Mangel an absoluter Solidarität des Menschen mit den *Menschen* nennt *Jaspers* eine tiefe moralische Schuld. *„Diese Solidarität ist verletzt, wenn ich dabei bin, wo Unrecht und Verbrechen geschehen."* (Jaspers, S. 48) Hätte nicht schon lange *vor* dem Bau der Konzentrationslager Empörung laut werden können? Derart geheim war ihre Entstehung wohl kaum.

Offensichtlich meinten jene Handlanger Hitlers, *ihre* Solidarität mit den Befehlen garantiere ihnen Freispruch von Schuld? **Macht sich aber nicht** *„Jeder, der menschliches Leben zerstört,(…) schuldig“*? **(A. Miller, S.31)**
Hitlers Handlanger waren keine Roboter, sondern denkende Menschen, die moralisch hätten denken, menschlich begreifen und handeln *können*. Schuld ist keine Frage der Definition, sondern basiert auf Fakten.

Gewiss braucht der Mensch im allgemeinen Zeit, viel Zeit, um zu lernen, wer er selbst ist. Doch besitzt er seit frühester Jugend Augen, Ohren und Verstand, um Unrecht begreifen zu lernen. Wenn nicht sofort im Moment der Erkenntnis, so doch ein wenig später.

Auch jemand wie etwa Assad, der die eigene Bevölkerung angreift und bombardiert, versucht sich selbst als schuldlos darzustellen, denn er meint sich zu Recht gegen diese verteidigen zu müssen. Aus Angst. Angst vor Machtverlust, Angst, selbst vernichtet zu werden. Es wird ihm wenig helfen, ob er jeden Abend oder Morgen betet, so lange er die Waffen gegen sein Volk einsetzt, ist er derjenige, der tötet und töten lässt in *seinem persönlichen* Namen. Da hilft keine Frage: **„Warum hast du das zugelassen, Gott?“**
Menschen töten oder töten lassen, bleibt ein menschliches Tun und ist Mord, schlicht Mord, Mord an Menschen, ausgeführt von Menschen. Sie, die sich das Recht nehmen, jegliche Art von Grausamkeit auszuführen, wenn es ihrem Machterhalt dient, haben und finden hierfür immer einen Grund, einen menschlichen Grund.

Wenn eine Firma wie *Topf & Co* den Auftrag der Hitler-Regierung annahm, Vernichtungsöfen für Auschwitz und andere Lager zu bauen, so wohl weniger, weil sie an der Vernichtung von Menschen interessiert war, sondern weil sie damit beträchtliches Geld verdienen und sich ein neues

Standbein zu schafften hoffte. Banale Macht- und Geldgier. Die Bauentscheidung trafen Menschen.

Warum wurde *Hannah Arendt* damals geschmäht, als sie nach dem Eichmann-Prozess von der *„Banalität des Bösen"* sprach? Stellten sich die, die die Vernichtungsöfen bauten, damals die simple Frage, wofür diese Öfen gebaut werden sollen? Wohl kaum, sie wurden gebaut, denn es brachte Geld. Es ging nicht darum, moralisch oder gar ethisch zu denken, es ging um Geld. Und Eichmann führte mit seinen Unterschriften schlicht gegebene Befehle aus.
So *banal* und zugleich so *ungeheuerlich* ist der Mensch.
Könnte es sich denn heute irgendein Land dieser Welt finanziell erlauben, *nur* mit Demokratien Handel zu treiben? Auch heutzutage ist der Mensch so banal, *tragisch banal*. Dies einzusehen und zuzugeben, erfordert wohl immer Mut.

Wenn heute Atomwaffen gebaut werden, obwohl es Hiroshima und all die vielen Toten bereits gegeben hat, wenn heute selbstoperierende bewaffnete Drohnen im Einsatz sind, obwohl es noch keine ethisch festgelegten Gesetze für deren Einsatz gibt, dann ist das die Fortsetzung eines Bösen, das niemand offiziell will und dennoch mitwirkend zulässt. Nicht wie bei *Mephisto*, aus dessen Bösem sich stets Gutes entwickele, nein, das Gute, das aus dem bösen Schaffen des Menschen entspringt, meint nicht nur Macht und Geld, sondern sehr häufig Scheinmacht durch Vernichtung.
Schafft wirklich alles Böse immer nur das Gute?
Der Mensch kann durchaus Bitterböses hervorbringen. Und das sicher nicht aus Versehen. Daher hat das Unfassbare auch ein Gesicht: *Es ist das Gesicht des Menschen.*
Das leidende Gesicht des Menschen und der Kreatur einerseits, die Fratze des hochmütig egozentrierten, oft bewusst destruktiv handelnden Geistes andererseits, der sich quasi omnipotent wähnt.

Nein, Gott bietet keine Entschuldung dafür, dass der Mensch Menschen vernichtet, nicht einmal dafür, dass Kain den Abel erschlug. Dieses Recht nahm und nimmt der Mensch sich selbst.
Im Paradies schon schob Adam die Schuld auf Eva und diese ihre Schuld auf die Schlange; beide aber hätten von der verbotenen Frucht nicht essen *müssen*.
Kain erwiderte auf die Frage nach seinem Bruder zynisch: *Bin ich denn der Hüter meines Bruders*?
Hätte er gern ein „Nein" gehört?
Nicht nur in dieser Erkenntnis, sondern mehr noch in der Akzeptanz der Tatsache, dass nämlich der Mensch sehr wohl der Hüter seines *Bruders* im weitesten Sinne *ist,* könnte ein Wachwerdens-Prozess liegen.
Warum also ist dann all das Furchtbare geschehen?
Warum geschieht auch heute so viel Grausamkeit und Vernichtung?
Weil wir schliefen? Noch immer schlafen?
Weil wir uns selbst nicht erkennen und sehen *wollen*? Denn das würde zunächst eine *mentale,* keine digitale *Veränderung* nötig machen…

Folgende Frage hätte dem Papst über die Lippen kommen können: *„Warum, Mensch, hast du all dies Grauen erdacht?"*

Im Vorwurf sucht ein Mensch die *ursächliche* Schuld immer bei einem anderen.
Und heiße Er Gott. ..

August 2021

3. Die Wunde

Über Verletzungen, Traumata und Kreativität

„Jeder wahre Schriftsteller wird doch Schriftsteller aufgrund einer schweren Verletzung, dieser oder jener Art, die er in seiner Kindheit oder Jugend erlitten hat."

Und:
„Die Tiefe der Wunde bestimmt die Kraft des Erzählens."

Amos Oz: *Das Schweigen des Himmels*

Diese Worte des Schriftstellers *Amos Oz (1939-2018)* geben der Verletzlichkeit und dem Verletztwerden des *Menschen* ein besonderes Gesicht. Er sprach sie in einer Vorlesung, die später in Buchform erschien, über den von ihm zutiefst verehrten, meist Jiddisch schreibenden *Samuel J. Agnon.*
Dessen bittere Verluste von Heimat, von Tausenden einmaliger Manuskripte und Bücher bildeten den sichtbaren Rahmen für sein Leid, seine tiefe Melancholie. Manche nannten seinen Grundton gar Verzweiflung. Doch er schrieb, schrieb, schrieb. *Oz* war wohl ein Bruder im Geiste.
Dass Verletzungen den Einzelnen zu Kreativität greifen lassen, ist einerseits eine Art Wunder, andererseits eine unglaubliche Stärke des Lebens, das *da* sein will.

Vom Künstler und dessen Werk auf sein Trauma zu schließen, machte sich vor etwa fünfzig Jahren in New York der amerikanisch-deutsche Psychiaters *W.G. Niederland* in etlichen Essays zur Aufgabe.
Die hier vorangestellten Zeilen jedoch stammen von einem Schriftsteller, der sie im letzten Viertel seines Lebens schrieb.
Vor allem die Worte: *„Die Tiefe der Wunde bestimmt die Kraft des Erzählens"* stellen einen Zusammenhang her, in dem *Erfahrung* offensichtlich ein wesentlicheres Element zu sein scheint als *Talent.* Oder ließe sich sagen: Talent speist sich aus der Tiefe einer Verletzung? Hieße das dann, jeder, der erzählt, schreibend oder mündlich, müsse in seiner Kindheit

oder Jugend verletzt worden sein?
Gewiss kann jede Art größerer Verletzung einen langen psychischen Nachhall auslösen und ebenso gewiss können individuelle Verletzungen in einem Menschen ein hohes kreatives Potential aufrufen. Allerdings können sie ihn auch verbittern oder verstummen, sogar scheitern und sterben lassen.

W.G. Niederland ging in denn 1960er/70er Jahren von einem engen Zusammenhang zwischen *Trauma und Kreativität* aus, wobei er nicht nur Traumatisierungen von Überlebenden der Konzentrationslager des 20. Jahrhunderts beschrieb, sondern auch manche Traumata von Überlebenden des I. Weltkriegs sowie die von damaligen Arbeitslosen. Zudem untersuchte er Traumata von Künstlern früherer Jahrhunderte, etwa von *F. Goya* oder *H. Schliemann*.

Das Thema der Traumatisierung und ihrer Verarbeitung vor allem in der europäischen Romanliteratur des 20. Jahrhunderts interessierte auch den niederländische Schriftsteller und Arzt *Simon Vestdijk*, der in einer umfangreichen Studie über „Het wezen van de angst" Angstverletzungen etlicher Schriftsteller aufzeigte. Er selbst hatte tief verstörende Erfahrungen nach einer Elektroschockbehandlung, allerdings im frühen Erwachsenenalter.
Angst als traumatische Grunderfahrung wies er in der Studie als kreativen Auslöser für viele großartige Werke nach.

Welche schwere Verletzung meint *Amos Oz*?
Eine persönliche, etwa den Verlust der Heimat, den eines geliebten Menschen? Oder eine dem Menschen von außen gewaltsam zugefügte, etwa in der Armee dienen zu müssen als Pazifist? Oder physische Gewalt? Oder liegt sie auf gedanklicher Ebene und betrifft die essentielle, nie zu beantwortende Frage nach dem Sinn menschlichen Daseins und der Unvollkommenheit des Menschen?

Letztere ist für so manchen eine der tiefsten geistig-psychischen Verletzungen des Menschen. Sie zeigt sich darin, nicht perfekt und nicht vollkommen sein zu *können*, Fehler zu machen und dies akzeptieren zu müssen. Solche Gedanken finden sich frühestens im mittleren Jugendalter, sehr selten in der Kindheit.

Betrachten wir letzteres Argument dennoch zuerst.
Vielleicht ist das menschliche Streben nach Perfektion, nach einem Sein in Vollkommenheit tief im Menschen angelegt, vielleicht kannte er eine derartige Periode zu irgendeiner Zeit. Vielleicht ist er aber auch nur blind für das, was in und um ihn vollkommen *ist*. Wer kennt sie nicht, vollkommene Momente? Doch eben - Momente.
Sie erscheinen uns vollkommen im Augenblick des *Erlebens* und wirken meist lange nach, werden in der Erinnerung oft zu Kostbarkeiten.
Besäße der Mensch kein Wissen um das Perfekte, um das Vollkommene, so könnte er es wohl kaum denken. Da er die Begriffe *vollkommen* und *perfekt* zwar denken und erleben, aber als Mensch nicht *sein* kann, sucht und versucht er in der Kunst wie in der Technik das zu realisieren, wozu er seinem Wesen nach nicht imstande ist oder zu sein scheint. Dabei übersieht er oft, dass ihm auch in der Technik das Perfekte immer nur annähernd gelingt. Denn nur, weil etwas häufig fehlerlos funktioniert, muss es noch nicht perfekt sein.

Das Perfekte ist machbar. Es lässt sich generell weiter perfektionieren. Zudem bleibt die Frage, ob mit der Realisierung des Perfekten nicht eigentlich die Befriedigung des eigenen Egos erreicht werden soll. Denn wäre der perfekte Partner des Menschen nicht der stets „gehorsame" humanoide Roboter, der (fast) nie vergisst und so ist, wie er sein *soll*?

Das *Vollkommene* jedoch *ist nicht machbar*. Es ist in sich vollkommen. Darin wächst der Mensch über sich hinaus, löst sich aus seinem Ego. Gerade hier entstehen und entstanden Werke, deren einmalige Vollkommenheit technisch *nicht* übertroffen werden kann.

Michelangelo etwa schuf mit seiner Skulptur der *Pietà* einen Höhepunkt des Vollkommenen. Sie macht stumm und berührt zutiefst durch ihre unwiederholbare Vollkommenheit von Ausdruck und meisterlichem Handwerk.
Der Künstler selbst hat sich nie kopiert, gleich, welch wundervolle Madonnenfigur er später noch schaffen sollte. Er suchte ständig nach dem *Vollkommenen*, das er letztlich mit *Gott* übersetzte. Unerreichbar. In einem seiner letztem Gedichte hoffte er, seine Vervollkommnung nach dem Tod endlich im Himmel zu erreichen, wo er hoffentlich *Gott* noch *entgegenwachse*. Vollkommen sein *in* Gott, *nicht wie* dieser.

Andere Künstler fanden ihre vollkommenen Höhepunkte im Klang, etwa Bach, Mozart oder Schubert, um nur drei zu nennen. Sie komponierten Werke von solch vollkommener Klangschönheit, dass ein Mensch sie fast als Schmerz erfährt. Es ist seltsam, doch Vollkommenheit kann schmerzen und im Augenblick des Verklingens, des Verstummens eine Wunde hinterlassen. Diese rührt an etwas im Menschen, zu dem er keine Worte hat noch kennt, etwas, das ihn mit dem Kosmos zu verbinden scheint. Er weiß um das Vollkommene und sucht es zu erreichen, ohne es selbst dauerhaft *sein* zu können. Je mehr der Mensch sich dabei selbst reflektiert, desto häufiger wird das Vollkommene jedoch zu einem Ort „ewiger Sehnsucht". *Kierkegaard* und *Dostojewski* waren sicher derart verletzt Suchende.
In der heutigen Kunst schlagen viele bewusst den Weg des *Unzulänglichen*, des *„absolut Un-Perfekten"* ein.
Diesem war/ist der Mensch näher, doch er hat es noch nie so intensiv ergründet wie in den letzen hundert Jahren. Diese Arbeiten zeigen je nach „Lichtfall", nach Art der Betrachtung, durchaus den Quell darunterliegender Verletzungen.

Die Vertreibung aus dem Paradies – eben dieser Mythos – weist darauf zurück, dass der Mensch einstmals Vollkommenheit erlebte und verlor, wo immer dies in der Geschichte des *Lebens* angesiedelt sein mochte. Manche Menschen erleben den Verlust des Vollkommenen als ein ohnmächtiges Schweben in einem riesigen All, als unteilbare Einsamkeit, sich selbst als Staubkörnchen im Kosmos und suchen nach dem Sinn menschlicher Existenz ebenso wie nach dem des eigenen Lebens.
Zu sagen: „Das Leben *hat* keinen Sinn, denn es *ist* in sich stimmig" hilft in sehr vielen Fällen nicht. Jahrhunderte lang suchten Alchemisten wie Philosophen nach etwas, das einen Sinn darstellen könne. Götter und später Gott beschäftigen bis heute das Denken des Menschen und sie wurden für viele das Vollkommene schlechthin. Mit *Gott* konnte und kann der Mensch sich zudem im Weltall verorten und verankern.

Dass in der heutigen Zeit neue physische wie psychische Wunden den Menschen an seine Unvollkommenheit *erinnern*, bringt neue, sich selbst suchende Kunst einerseits, ziemlich perfekt scheinende Technik andererseits hervor.

Neben diesen eher metaphysischen Blessuren aufgrund menschlicher Unvollkommenheit erschüttern den Einzelnen seit jeher tief emotionale persönliche Verletzungen, die oft weniger gedanklicher als psychisch emotionaler Art sind.

„Die Tiefe der Wunde bestimmt die Kraft des Erzählens."
Nicht nur dieser Gedanke, sondern auch der, dass eine schwere Verletzung in der Kindheit oder Jugend einen Menschen in besonderer Weise kreativ werden lässt, scheint erstaunlich. *E. Neumann* nannte in den 1950er Jahren zwar *die Psyche den Ort der Gestaltung*, was dem Gedanken von *A. Oz* nahe kommt. Denn die Verletzungen, von denen er spricht, erschüttern meist das menschlich seelische Gleichgewicht.

Doch wird nicht jede Verletzung künstlerische Kreativität freisetzen. Gleichwohl kann sie an verborgene Talente rühren und diese aktivieren. Scheinbar verbindet sie sich dabei dem Wort am ehesten. Oder fällt sie hier am erkennbarsten auf? Die Liste emotional verletzter Schriftstellerinnen und Schriftsteller ist lang. Um nur einige zu nennen:
S. Agnon, A. Oz, F. Kafka, J. Brodsky, Th. Bernhard, K. Mann, E. Barrett-Browning, V. Wolf, A. Achmatowa oder *S. Plath*. Die Reihe ließe sich schon im Hinblick auf die Weltliteratur schier endlos fortsetzen. Sie betrifft allerdings, ob im gleichen Umfang wie bei Schreibenden, auch Bildhauer, Maler und manche Musiker. Berühmte und weniger berühmte.

Nun wird aber nicht jeder ein schaffender Künstler, der tief verwundet wurde. Es gibt neben diesen auch Menschen, die ihr Leben lang durch ihre Verletzung verstört bleiben und statt kreativ eher depressiv oder aggressiv wurden resp. werden. Zudem bestimmt die Schwere einer Verletzung wohl stets den Blick auf das Leben wie auf die Hinwendung zur Gesellschaft und zum Menschen.
Es fragt sich daher, ob es besondere Wunden oder solche, verbunden mit besonderen Begabungen in einem Menschen sind, die Kreativität auslösen und entstehen lassen? Oder ob manch verletzter Mensch eine besondere Konstellation, eine seelische Stärke besitzt?
Oder wird die individuelle Kreativität bereits durch die Wunde menschlicher Geburt bestimmt, ist also Ausdruck des Lebens selbst? Dann wäre Leid wohl mit besonderer Sensibilität verbunden. *In der Welt Sein* ist ohne den Schmerz der Geburt kaum möglich.
Gibt es überhaupt ein Leben ohne Wunde, abgesehen von den vielen physischen Verletzungen, denen jeder Mensch schon als Kind ausgesetzt ist, wenn er nämlich Gehen und Laufen lernt? Wunden erleiden und reißen wir uns selbst viele, im Körper, in der Seele, in den Empfindungen und Er-

fahrungen. Ein Abschied oder gar Angst vor Verlust kann zu einer nie mehr heilenden Wunde werden. Viele Verletzungen werden dem Einzelnen manchmal bewusst, häufig jedoch unwissentlich oder unaufmerksam zugefügt.
Sogar der christliche Gott ist ohne Wunden nicht zu denken. Und diese betreffen nicht nur die äußeren. Und Hiob? Moses? Buddha oder all jene Mystikerinnen und Mystiker?
Eines ist sicher: *keine Zeit heilt alle Wunden.*
Dieser Satz wird zwar oft bemüht, doch dürfte wohl jede Erwachsene erfahren haben, dass eine innere Wunde, eine echte emotionale, also psychische Verletzung, gerade auch aus Kindheit und Jugend, kaum wieder so verheilt, dass der Mensch sie schmerzlos vergisst.
Physische Schmerzen hingegen kann der Mensch oft vollständig vergessen, es sei denn, diese wurden ihm von Menschen durch Gewalt, Folter oder Missbrauch zugefügt. Dann verbinden sich die starken Körpererinnerungen mit tiefgreifenden emotionalen Erfahrungen.
Wer erinnert sich noch an das viele Fallen beim Laufen lernen? Auch Frauen vergessen die Tiefe des Schmerzes einer Geburt. Er ist nicht mehr nachfühlbar. Man „hat den Schmerz im Kopf“, man *weiß* ihn.

Gibt es irgendeine Notwendigkeit im Leben eines Menschen, bewusst zugefügte Wunden erfahren zu müssen? Sicher beinhalten Wunden auch die schmerzliche Erinnerung daran, dass der Mensch in einem verletzlichen Körper lebt, dessen anfängliche Fast-Vollkommenheit im Laufe der Kindheit bereits verlorengeht, in einem Körper mit autonomem Erinnerungsvermögen.
Die Wunden, die ein Mensch selten völlig vergisst und die ihn lebenslang prägen, sind ihrer Natur nach emotionale, seelische oder geistige, gebunden an den menschlichen Körper und in diesem gespeichert. Ob Wunden ihren eigenen Sinn haben, scheint eine eher unwesentliche und sicher kaum zu beantwortende Frage. Doch beeinflussen und

weiten sie das Erlebensgeflecht des Einzelnen erheblich. Die Folgen reichen jedenfalls von Aggression bis hin zu großer Zurückgezogenheit, von Krankheit bis Suizid.
Aber auch von großartiger künstlerischer Kreativität bis hin zu Destruktivität.

In der Kindheit und Jugend werden zweifelsohne die tiefsten Wunden geschlagen, solche, die das gesamte weitere Leben prägen. Warum gerade dann? Wohl weil ein junger Mensch noch voller Vertrauen in das Leben, in die Erwachsenen wie in die Welt lebt und erst allmählich lernt, sich selbst physisch und emotional zu schützen. Die Tiefe einer Verletzung bestimmt nicht nur die Wahl der Freunde, sondern auch das Denken, die Aufmerksamkeit, die Art und Weise, wie ein Mensch sich im Leben einrichtet.

Viele und oft starke Verletzungen werden durch die Eltern verursacht, sei es der Vater, sei es die Mutter, die oftmals sehr bewusst strafen, damit die Strafe eine bleibende Wirkung habe. Manchmal geschieht solches aber auch aus Unachtsamkeit, aus dem Wunsch heraus, das hoch sensible Kind zu einem stabilen, kräftigen Menschen zu formen.
Dass ein derart empfindsames Kind es den Eltern selten wird recht machen können, sieht der Außenstehende oft eher und deutlicher.
Auch das Ringen um Liebe, um die bedingungslose Liebe der Eltern, kann ein Leben lang andauern und zermürben, dem Kind letzten Endes vergeblich erscheinen, wenn alle Versuche der Anpassung um einer erhofften Liebe willen misslingen. Ein derart angepasstes Leben würde den jungen Menschen in seiner Individualität völlig ersticken. Daher geschehen oftmals abrupte Trennungen, Verletzungen, denn häufig will der Sohn, die Tochter irgendwann nicht mehr fremdbestimmt leben.
Doch selbst, wenn Verletzungen den Menschen an das Erlebte binden, bleibt ihm dennoch eine persönliche Freiheit,

mit der er sein Leben gestalten kann. *Ob* und *wie* ein Mensch dies schafft, dürfte individuell höchst unterschiedlich sein. Auch *wann*, sei es in der Jugend, sei es später.

Missbrauch allerdings reißt unheilbare Verletzungen.
Die bekannte Kinderpsychologin *Alice Miller* verarbeitete in ihren therapeutischen Gedanken das eigene kindliche Schicksal, wie ihre Tochter nach deren Tod mitteilte. Der Titel ihres wichtigsten Buches lautet: „*Verbanntes Wissen*", in dem sie ihre eigenen Missbrauchsverletzungen versteckt analysierte. *Verbannt* meint nicht *vergessen* und *Alice Miller* starb, nach Aussage der Tochter, leidvoll und bitter.
Nein, die Zeit heilt gewiss *nicht alle* Wunden.
Verfehlungen seitens der Eltern können höchst vielfältig sein und reichen von Liebesentzug über physisches Schlagen bis hin zu Missbrauch. Letzteres ist jedoch keine Verfehlung mehr, sondern ein Verbrechen.

Von den Eltern nicht beachtet, nicht *gesehen* zu werden, kann tief verstören und den Lebensweg eines Menschen bestimmen sowie seine emotionale Entwicklung beeinflussen.

Der niederländische Kinderpsychiater *A. van Meurs* entschied sich für diesen Beruf, wie er einst erzählte, weil seine Mutter den Tod ihres einjährigen Töchterchens nie verwand. Ab jenem Tag galt der kaum Dreijährige nichts mehr, er wurde nicht einmal wahrgenommen. Weder redete sie mit ihm noch hatte sie seitdem irgendeinen körperlichen Kontakt zu ihrem kleinen, doch *lebenden* Sohn. Er existierte in ihrem Schmerz schlicht nicht mehr. Sogar ihren Beruf als Pianistin gab sie auf.
Menschen reagieren unvorhersagbar unterschiedlich und nicht jeder, der innerlich so verwundet ist, übersetzt dies in seinen Beruf oder in Kreativität. Traumarisierte Kinder können sich verschließen, kaum überwindbare Ängste oder Depressionen entwickeln.

Diejenigen, die später den kreativen Ausweg finden und nehmen, sind deswegen aber nicht von ihrem Leid befreit. Doch beginnt durch eine kreative Arbeit meist eine intensive, bei weitem nicht nur bewusste Auseinandersetzung mit dem Schmerz, dessen Ursprung und Folgen.
Oft versucht gerade ein Schriftsteller, Dichter, Maler oder Musiker wie ein Ertrinkender all seine Kräfte zu aktivieren, ohne zu merken, dass das Leid, dass die Wunde unerwartet zur Wurzel des eigenen Tuns wurde. Ist das rettende Ufer dann erreicht, kann eine immense Schaffenszeit einsetzen, die die Wunde bei weitem nicht immer zum Thema hat, doch die sich aus ihrem Vorhandensein speist.
Eine solche Periode kann kurz sein, wie etwa bei *van Gogh* oder *Paula Becker-Modersohn,* kurz und intensiv wie bei *Mozart, Schubert,* bei *Georg Büchner* oder *Wolfgang Borchert,* um nur einige zu nennen. Sie kann aber auch erst spät einsetzen oder länger anhaltern.
Wahr ist zweifelsohne, dass Kunst selten in Augenblicken höchster Freude entsteht, dass der Schaffensprozess jedoch eine starke Freude auslösen kann. Die einsetzende intensive Arbeit lenkt den Blick stets weg vom Schmerz, hin auf das neu Entstehende. Die Wunde wird weniger spürbar. Ob Heilung damit gemeint ist oder Vergessen? Wohl eher das Weiterleben, angefacht durch die Konzentration auf Neues, dadurch dem Lebensstrom in sich selbst eine Chance gebend.

So malte die französische Künstlerin *Jideka* kurz nach ihrer bitteren Scheidung ein Bild, auf dem zwei Menschen mit dem Rücken zu einander auf zwei sich nicht mehr berührenden Stühlen sitzen, den Kopf in die Hände gestützt. Durch große geschlossene Fenster sichtbar das weite blaue Meer, Mann und Frau jedoch gefangen in dem kleinen Raum. Gut fünfzehn Jahre später entstand das Bild eines Paares, das am Tisch einander gegenübersitzt, sich liebevoll ansieht, während die Hände einander berühren. Die Außenwelt ist unerheblich geworden.

Es ist unmöglich und auch oft unwesentlich, alle Verletzumgen und deren Bezüge im Werk eines Schaffenden aufzuzeigen oder zu suchen. Doch sieht man ein Bild, eine Gestalt, liest man einen Text oder hört in eine Musik hinein, so erfasst der sensible Zuhörer, Leser oder Betrachter oft das nicht konkret ausgesprochene Leid in seiner persönlich berührenden Schwingung. Statt Interpretation beruht der unmittelbare Zugang zum Werk auf *Intuition*. Menschen können Menschen wortlos verstehen.
Denn Leiderfahrungen haben ihren ureigenen Klang, in der Farbe, im Wort, im Ton, wobei dieser keineswegs düster sein muss, oft klingt er sogar heiter wie bei Mozart. Manches Mal scheint er auch selbstironisch, oft leise melancholisch.
Dabei besteht zwischen erfahrenem Leid und künstlerischer Aussage ein höchst komplexer Zusammenhang. Und der Weg in die Kreativität ist, wenn er sich öffnet, manchmal sogar der einzige, um weiterleben zu können. Im Werk von *Primo Levi* etwa, *Virginia Woolf* oder *Mikis Theodorakis* ist dies unverkennbar.
Musik als Komposition im Kopf und auf dem Papier, hat *Theodorakis* als Widerstandskämpfer schwerste Folter und Misshandlungen erlitten und überlebt. Seine Musik ist von eindringlicher Schönheit, Dichte und Leichtigkeit, selten **„nur unterhaltsam"**. Dafür bürgen schon die Poeten, deren Verse er vertonte. Stets klingen Hoffnung und Scheitern in seiner Musik, die in oft bitterer Melancholie an den Duft von Jasmin und Zitronenblüten erinnernd die Seele berührt und bewegt, vor allem in der Wortgebundenen Musik.

Mozart, Fauré und *Verdi* umschlossen jeweils in einem *Requiem* ihr Leid, den Verlust eines geliebten Menschen. *Mozart* starb, bevor er dies Meisterwerk beenden konnte. *Fauré* und *Verdi* öffnete es den Weg **ins „Weiterleben"**.

Ähnlich und doch anders *Primo Levi,* der sein Entsetzen im Konzentrationslager dem Wort anvertraute, nicht anklagend, sondern wie um sich selbst noch einmal deutlicher vor Augen zu führen, was ihm und zahllosen Mitmenschen dort geschehen war, bestrebt zu verstehen, wie es überhaupt hatte möglich sein können. Seine Bücher über Auschwitz und seine Heimkehr nach Italien wirken auf den ersten Blick fast wie Berichte, wobei das Entsetzen sich im Nichtgesagten verbirgt. Eben dieses Nichtsagbare aber „spricht" vehement.

Maßloses Leid legt sich fast immer verstärkend auf weitere Wunden wie den Verlust eines geliebten Menschen oder der geliebten Heimat. Dies auszuhalten, kann den einen vielleicht stärker machen, den anderen jedoch zerbrechen.
Der Weg in ein kreatives Tun hilft der Seele, wieder zu atmen und kann im Körper neue Energie wecken. Doch kann der Einzelne auch nach längerer Schaffensperiode, wie etwa *Virginia Woolf,* vom Leid noch tödlich überwältigt werden.
Auch in *Chagalls* Bildern oder in denen von *van Gogh* klingt sehr viel unausgesprochenes Leid, wie still, wie zart manches Bild auch sein mag. Die künstlerische Perfektion eines Werkes vermag den Schmerz zu transzendieren.

Auf einer anderen Ebene, der des Alltags, finden sich zwar befremdliche, doch durchaus „verständliche" Formen, ein Übermaß an Leid abzuwehren. Erniedrigende Verletzungen etwa, die man selbst erfuhr, werden da manchmal an andere, oft Familienmitglieder, weitergeleitet, vielfach unbewusst, und können so fast zu einer Art *Familienmuster* werden.

Da verpasste eine 94-jährige Frau ihre 70-jährige Tochter eine kräftige Ohrfeige mit den Worten: „Du musst auch immer deinen Willen durchsetzen!" Zwischen beiden Frauen herrschte seit Jahrzehnten Bitterkeit mit vielen Verletzungen von Seiten der Mutter. Diese Ohrfeige war offensichtlich die letzte. Die Tochter nun hatte ihrerseits zu einem ihrer vier Kinder keinen Bezug gefunden und so bekam dieses mit 50 Jahren seine erste schallende Ohrfeige von der dann schwerkranken 75-jährigen Mutter, die ihre Kinder noch nie geschlagen hatte. Offensichtlich war die kranke Frau bis zu ihrem Lebensende mit der letzten Demütigung seitens der eigenen Mutter nicht „fertig geworden".

Nicht nur Demütigung, Ablehnung, Schutzlosigkeit, Verluste, Verfolgung, Misshandlung, Krankheit, Hilflosigkeit dem Leid anderer Menschen gegenüber, Tod ….. Die *Wunde* hat unendlich viele Gesichter, viele Verkörperungen, viele Formen des Schmerzes. Jede einzelne dieser Erfahrungen erschüttert oder zerstört gar das Vertrauen in den Menschen, häufig auch das in die Gesellschaft wie in sich selbst. Manches Mal sogar das Vertrauen in und den Glauben an Gott.
Wobei *Vergewaltigung* eben keine *Verfehlung* ist, wie kirchliches Recht dies noch heute gern darstellt und entschuldigt, sondern ein strafrechtliches *Verbrechen*. Wie auch *Verfolgung, Folter, Missbrauch* oder *Mord* Straftaten gegen den Menschen sind und damit klar gegen die Menschenrechte verstoßen.

Jede Form von Vertrauensverlust ruft Schmerz auf, Schutzlosigkeit, manchmal selbst Verzweiflung. Die Gefahr, darin stecken zu bleiben, ist sicher groß, weil man oft nicht weiß, **wo die Tür nach „draußen"** ist oder sein könnte, oder ob es überhaupt eine solche gibt.

Dennoch: *Leid ist nicht die Essenz des Lebens*, auch nicht dessen Sinn, wie es im Buddhismus heißt, sondern eine Last, die einen Menschen anspornen, doch auch tief verletzen, verstören oder zerbrechen kann.

Wie viel Schmerz birgt der Gedanke von *Albert Camus*, dass man *jedes Schicksal durch Verachtung überwinden* könne. (in:

Der Mythos des Sisyphos) Sicher ist dem so. Doch um *verachten* zu können, muss ein Mensch vorher etwas oder jemanden *geachtet* haben. Da haben also Verletzungen stattgefunden.
Diese und etliche weitere Wunden treffen so manchen im Leben unverschuldet, ungeschützt. Oft ist Sprachlosigkeit die eiserne Pforte, die schwer, sehr schwer und manchmal gar nicht mehr zu öffnen ist.
Doch *weder der menschliche Geist noch die Seele will ersticken im erfahrenen Leid*. Wie sich ja auch der Körper gegen jede Form von Ersticken wehrt. Er sucht nach Auswegen, sei es in Krankheit, Depression, in Aggression, in Abhängigkeiten – die ihn schützen! - oder in der Kunst. Jede Suche nach einem Ausweg ist eo ipso bereits ein kreativer Akt. Hilfreich hierbei ist die menschliche Vorstellungskraft, die Fantasie.
Oftmals bringt sie Lösungen hervor, die *so* im Leben nicht vorkommen, doch die sie in Verbindung mit dem Unbewussten schafft und anbietet. Nicht selten ist dabei ein Mensch verblüfft über sich selbst. Denn in jedem Menschen sind weit mehr Potentiale vorhanden, als je in einem Leben angesprochen oder umgesetzt werden.

Dass vor allem der Tod eine *Kränkung* sei, dieser Gedanke entspringt wohl eher einer männlichen Vorstellung. Für nicht wenige Frauen ist der Tod außer Schmerz ein Mysterium, wie es auch das Entstehen von Leben ist.
Natürlicherweise geschieht Tod, so wie Leben geschieht, selbst wenn der Mensch es immer wieder zu planen, zu beeinflussen oder gar zu beenden versucht. Es geschieht. Daher ist der Tod keine Bastion, die geschleift werden müsste, sondern ein natürliches Geschehen, dem Leben stets inhärent.
Neben dem natürlichen gibt es jedoch den *nicht* natürlichen und den gewaltsamen Tod. Letzterer rechtfertigt, ja fordert eine Anklage, denn hier geht es um *den von Menschen willentlich zugefügten Tod.*

Anders ist es bei einer Naturkatastrophe, deren Gewalt der Mensch sich unbewusst immer ausgesetzt weiß. Niemand klagt einen Tsunami an oder einen ausbrechenden Vulkan. Er trauert und klagt um die Toten, aber er empfindet keinen Grund zu einer Anklage. Naturkatastrophen sind furchtbar, doch der Mensch wird, wenn er sie überlebt, damit fast immer fertig.
Wenn nun aber der natürliche Tod bereits eine Zumutung sei, so ist es um ein Vielfaches mehr das *willentliche* Zerstören von Leben. Das ist Menschenwerk und heißt *Mord.*

Beide Formen des Todes aber sind und bleiben ein Verlust, ob ein schreiender, bitterer oder unüberwindlicher, ein brennender oder stiller Verlust. Nur dass niemand *Tod* als ein Lebensereignis anklagen kann.
Die meisten Menschen empfinden den Tod weniger als Kränkung denn als Verlust, gewiss manche auch als Unrecht, als brutalen Akt. Am Ende einer unheilbaren Krankheit erscheint er dagegen oft als Erlösung, sogar als Gnade … Darin liegt dann etwas zutiefst Versöhnliches.
Dieser Tod geschieht.
Jedes Leben verändert sich durch den Tod eines geliebten Menschen für immer. Es gibt keinen Ort, zu dem ein Mensch unverändert zurückkehren könnte. Die Tiefe eines solchen Schmerzes zeigt zugleich aber auch die Tiefe der Verbundenheit, der gelebten Liebe. Und irgendwann tritt *neben* den Schmerz und die Trauer eine tiefe Dankbarkeit, diesen verlorenen Menschen gekannt und geliebt zu haben. Ein Gleiches gilt für die verlorene Heimat. Die schmerzende Sehnsucht aber bleibt.

Lebensbestimmendes Leid jedoch, absichtlich durch physische Gewalt zugefügt, ob in einer Beziehung, im Krieg oder durch Folter, Mord, oder Genozid ruft ein nicht wieder gut zu machendes Leid auf. Was gäbe es da zu verzeihe?

Die innere Weisheit, *verzeihen* zu können, entwickelt sich meist erst spät, wenn der Schmerz nicht mehr „zerreißt". Denn es war *der Mensch,* der dies Leid einem Anderen, ebenso Mensch wie er, zugefügt hat, aus Hass, Missachtung, Missgunst oder aus Spaß. Solch bösartig grinsende Gesichter zeichnete *F. Goya* bereits von mehr als 250 Jahren, u. a. in seinen *„Pinturas Negras".*

Lernt der Mensch wirklich so unvorstellbar langsam oder kann sich seine Grundstruktur gar nicht ändern? Lässt sich Grauen, Entsetzen, Angst oder tiefe Verstörung überhaupt heilen? Wohl kaum. Dieses in einer Therapie noch einmal in Wort und Erinnerung bewusst zu erleben und zu reflektieren mag helfen, kann aber auch zum Suizid führen.
Leid lässt sich nie messen und schon gar nicht vergleichen. Es ist Leid, ist Pein.
So finden sich heute unter jugendlichen Suizidgefährdeten etliche, die von Anderen durch verletzende Worte, Schikane, durch Verhöhnen, Bedrohung, Hass oder Rufschädigung gepeinigt wurden/werden, was die heutigen technischen Massenmedien sicher noch begünstigen.
Dass ein Mensch leidvoll an Verleumdung zerbrechen kann, zeigte bereits in den 1960er Jahren *H. Böll* in *„Die verlorene Ehre der Katharina Blum".* Da geht das Vertrauen in die Gesellschaft wie in den Menschen, gar in einen geliebten, durch Verrat verloren.

Selbst *Freud* gab zu, dass ein bewusst erkanntes Leid sich nicht einfach auflöst, sondern nur ein erträglicheres Leid schafft, nämlich das der *Erkenntnis.* Erlittenes Leid löst sich durch Erkenntnis eben nicht auf, verschwindet mich. Die menschliche Seele - das meint hier die gesamte Emotionsfähigkeit eines Menschen - erträgt vollständiges Bewusstsein nicht immer und nicht zu jeder Zeit.
Manchmal tut dann ein veränderter Blickwinkel gut. Er kann lindern, wie auch *Humor* und *Optimismus.* Diese sind kein

Heil-, jedoch ein exzellentes Hilfsmittel. Denn sie vermögen es, den Blick auf die auch anwesende kreative Seite des Menschen wie des Lebens zu lenken.
V. Frankl war ein subtiler Meister auf diesem Gebiet. Ein veränderter Blickwinkel kann sehr oft Trost enthalten. Und sucht ein Verletzter nicht zuerst Trost statt Heilung, selbst wenn Trost kaum möglich ist?

Unsensibles Verhalten schafft daher alles andere als Trost.
Wenn etwa ein zu früh geborener Mensch lebenslang unter dem Gedanken leidet, seine Mutter habe ihn nicht gewollt, deshalb zu früh geboren, so sucht er eher Trost bei einem Therapeut als Heilung. Sein Gedanke hat sein Leben längst geprägt.
„**Sie wissen, was es heißt, dass** Sie ein Sieben-Monatskind sind. Ihre Mutter hat sie nicht gewollt." Diese Worte mögen zwar eine Erkenntnis beinhalten, sind vor allem aber ein Beweis von Unsensibilität und Unwissenheit. Denn der Körper der Mutter könnte ja auch zu schwach gewesen sein, zudem mag sie ihr zu früh geborenes Kind innig geliebt haben. Woher nahm dieser Therapeut sein *Wissen*? Die Mutter des Klienten war längst verstorben, er hat sie nie fragen können.
Psychische Wunden lindern ist ebenso eine Kunst wie trösten können.

Nicht nur die Geburt, auch der Tod eines geliebten Menschen kann im Kindesalter einen lebenslangen Schock auslösen. So verloren manche ihre Mutter auf der Flucht oder im Ghetto. Wieder andere erlebten, wie die Mutter vor ihren Augen vergewaltigt und erschossen, der Vater durch einen Kugelhagel zerrissen wurde. Kann ein Kind diese Bilder, diesen Schock je vergessen? Gerade der Verlust der Eltern, besonders der Mutter in sehr jungen Jahren ist zutiefst verstörend. Ihr Tod bleibt eine unheilbare Wunde. Nicht selten entsteht hier ein doppelter Quell. Was heißt, dass ein Mensch sein Leben durchaus intensiv und vital gestalten kann, doch sein Blick auf diese Welt für immer ein veränderter, von dunklerer Ernsthaftigkeit geprägter ist.

Der Schrei, den der fünfjährige *E. Munch* beim Tod seiner Mutter nicht ausstieß, er kniete neben ihrem Bett und starrte sie nur an, verstummt vor Entsetzen und Hilflosigkeit über ihr Sterben, dieser „Schrei" fand erst 25 Jahre später seinen Weg aus dem Körper heraus auf die Leinwand. Dass dargestellte Gesicht, dem der Schrei entfährt, ist das eines Kindes. Und auch in diesem Gemälde bleibt er stumm, ist nur sichtbar, erkennbar.

Der Schmerz, den der kaum sechsjährige *Michelangelo* beim frühen Tod seiner Mutter erlitt, er lebte erst drei Jahre wieder im elterlichen Haus, blieb ebenfalls wortlos. Mit 25 Jahren, er war da genau in dem Alter, in dem seine Mutter starb, schuf er die *Pietà*. Da nimmt es nicht Wunder, dass er diese in seiner Erinnerung unbeschreiblich schöne, ja allem Irdischen entrückte junge Mutter als Symbol ewiger Schönheit gestaltete, mit dem toten Körper ihres viel älteren Sohnes auf dem Schoß. Dieses in unverweslichem Marmor geschaffene Werk ist die einzig Skulptur, die er je mit vollem Namen signierte. Und zwar auf dem Marmorgürtel der *Pietà*, einem ewigen Band nun zwischen ihm und ihr.

Amos Oz verlor seine Mutter im Alter von dreizehn Jahren, sie beging Suizid. Eine sehr schwere Bürde für einen so jungen Menschen, denn Selbstvorwürfe quälen zudem lange, sehr lange. Es mag Erklärungen geben, doch es fehlt die *eine* Antwort auf das „Warum?". Und selbst wenn es sie gäbe, wird sie nie ausreichen, den Grund ihres Todes fassbar zu machen. Dass er in diesem jungen Alter das elterliche Heim dann gegen einen Kibbuz eintauschen musste, brachte ihn dazu, sich dort den neuen Familiennamen *Oz* zuzulegen,

eigentlich hieß er Klausner. Übersetzt heißt *Oz* „Stärke". Nimmt das nicht etwas von dem vorweg, wie er ab jener Zeit zu leben gewillt war?
Erst im Alter von gut sechzig Jahren schrieb er seine Familiengeschichte auf, unter dem beredten Titel *Die Geschichte von Liebe und Finsternis*."
Wer fragte den Jungen damals nach seinem Dunkel, nach seiner Seele? Nach der Trauer seines Herzens?
Manchmal wundert sich ein leidtragender Mensch selbst, wie er so viel Schmerz und Dunkelheit überhaupt hat überleben können.

Da verlieren drei Kinder, ein 7-jähriges Zwillingspaar und ihre 9-jährige Schwester ihre Mutter durch Krankheit. Die Drei sind verschüchtert, verschreckt, der Vater heiratet erneut. Im Alter von sechzehn stürzt eine der Zwillinge in den Bergen beim Klettern ab. Wenige Zeit später nimmt der Vater sich das Leben und einige Jahre später wird die ältere Schwester in einem Taxi auf dem Heimweg erschossen. Wie es hieß, aus Versehen. Irrtum.
Wie geht ein junges, alleingelassenes Mädchen damit um?
Erst Jahre später findet es den Weg in die Kunst und führt ein Leben zwischen Schaffensfreude und tiefer Melancholie.

Leid kann ebenfalls durch übermäßige Strenge oder Nichtbeachtung der Persönlichkeit eines Kindes ausgelöst werden. So meinte in fortgeschrittenem Alter einst der Maler/ Cartoonist *Janosch* zwar augenzwinkernd, dennoch mit schmerzlichem Unterton, er sei während der ersten zehn Lebensjahre erzogen worden und habe den Rest seines Lebens benötigt, um sich davon zu befreien.
Viele von ihnen, die großes, unfassbares Leid überstanden haben, entwickeln neue und kreative Strategien des Lebens. Auch wenn nicht jeder Mensch ein großer Künstler wird, so wird doch mancher ein außergewöhnlicher Lebenskünstler, indem er an dem Leid nicht zerbricht, sondern es ihm

gelingt, dies in Empathie, ja Menschenliebe zu transformieren. Auch es quasi autobiografisch aufzuschreiben kann helfen, zu überleben, oder liebevolles Zuhören. Die Kraft hierzu gewinnen viele Menschen erst im Laufe der Zeit.
Das heißt, dass großes Leid seine Zeit braucht, ehe es umgesetzt werden und ein Mensch zu ihm in Distanz treten kann. Dieser Transformationsprozess entzieht sich dem Willen des Menschen, er geschieht im Schaffen selbst.

Michelangelo hat sicher nicht bewusst darauf gewartet, dass er seine *Pietà* exakt in dem Alter schuf, in dem seine Mutter starb. Es geschah.
Oder *Munch* – auch er hat sicherlich den Augenblick nicht bewusst gewählt, um den Schrei seiner Kindheit in ein Gemälde zu bannen.
Es geschah.
Dieses: „Es geschieht" zulassen zu können, ihm die Zeit zu geben, es zu umkreisen, verbunden mit den technischen Fertigkeiten des Malens, Schreibens, Komponierens, Bildhauens, Tanzens und mit Fantasie, ermöglicht zu seiner Zeit eine befreiende Aussage, bei manchen eine äußerst kunstvolle. Bei allen jedoch eine zutiefst menschliche.
Die Seele spricht immer, oft leise, sehr leise, doch sie zu verstehen und ihr zuzuhören, auch das gehört in die sensible Welt der Lebenskunst.

Kunst kann niemand forcieren. Sie geschieht.
Ob in schlichter Einfachheit, ja Naivität oder nach intensiv geübtem meisterlich technischem Können, ist menschlich gesprochen weit weniger von Bedeutung. Die Seele lernt, neu zu atmen. Manchmal auch nur, durchzuatmen.

Der Brief *Kafkas* an seinen Vater ist in sich ein Kunstwerk, das kaum früher hätte geschrieben werden können. Denn um so viel Leid aus der Kindheit so eindringlich leise und doch klar zu formulieren, dazu bedufte es jener sprachlichen

Meisterschaft, die einen schlichten Brief in eine menschliche Tragödie zu wandeln wusste. Dass er ihn seinem Vater nie gab, ist verständlich, las dieser doch kein einziges Werk seines Sohnes zu dessen Lebzeiten.
Auch bei anderen Künstlern ist der Vater meist der Schweigende. So ist weder eine väterlichen Reaktion bei Michelangelo auf die *Pietà* noch von Munchs Vater auf den *Schrei* bekannt. Und gewisslich dürfte *Leopold Mozart* das Leid seines Sohnes kaum in dessen Musik bewusst wahrgenommen haben. Eine diesbezügliche Notiz findet sich nirgends.
Wie oft vergessen Eltern, die ihre Wunderkinder sehr jung der Gesellschaft präsentieren, dass diese Kleinen, meist erst Vier-, Fünfjährigen es zunächst als Spiel sehen und erst allmählich begreifen, dass es gar keines ist, sondern dass sie von den Eltern oft **gezielt als „Einnahmequelle" benutzt** wurden und werden. Sogenannte Brüche, Perioden des nicht Spielens, nicht Schaffenkönnens in oder am Ende der Pubertät lösen bei diesen jungen Künstlern häufig eine Nervenkrise aus.
Manchen gelingt es, sich in der Auszeit wieder zu finden, andere arbeiten so lange weiter, auch mit Aufputschmitteln, bis der Körper sie nach Jahren zum Aufhören zwingt. Manche sterben früh.

Väter sind selten die richtigen Ansprechpartner für das Leid ihrer Söhne oder Töchter, nicht nur der künstlerisch begabten und geforderten. Der leidvoll künstlerische Reifeprozess eines jungen Menschen bleibt Vätern eher verborgen. Oder ist mit dem Etikett *schwächlich* behaftet.

Hat *Thomas Mann* etwa das lebenslange Leid seines Sohnes Klaus erfasst, den das bittere Empfinden belastete, seinem Vater, dem Zauberer, nie genügen zu können?

Im Alltag der meisten Kinder geht es um Schutz, Sicherheit,

Liebe und Wertschätzung. Vielen Kindern weltweit ist dies auch heute kaum vergönnt. Nicht einmal in den sogenannt *reichen westlichen* Staaten.
Wie bitter ist es für ein Kind, im Krankenhaus zu sagen: „**Ich** habe den Zwang meines Vaters nicht mehr ausgehalten und habe nun Krebs **bekommen.**"

Oder wenn Verwandte ihren ungeliebten Neffen aburteilen: „**Aus dir wird sowieso nichts!**" Da maßen Erwachsene sich an, Respekt einzufordern, ohne jedoch das Kind und seine Welt zu achten.
Was löst es in einem Kind aus, wenn der Vater es nach einem verlorenen sportlichen Wettkampf **als „Versager" betitelt** und hinzufügt, dass er es noch liebe. Zählt ein Kind ohne gewonnene Trophäe nicht mehr? Sieht der Vater eigentlich sein Kind? Oder nur die Trophäen?
Was geschieht in einem jungen Menschen, der eines Tages **entdeckt: „Mein Vater hat mich jahrelang manipuliert.**"
Das Vertrauen als Basis zwischen Menschen und sicher zwischen Eltern und Kindern kann schwer beschädigt werden. Zu erkennen, dass man als Kind, als Mensch gar nicht gemeint war, sondern nur der Erfolg, der dem Ego des Erwachsenen schmeicheln sollte, ist äußerst verletzend.

Wunden können die Seele verstummen lassen, sodass nur noch Hass, Wut und Aggression als Empfindungen bleiben. Oder Depression und Verzweiflung. Aus diesen Emotionen heraus entsteht oft Destruktion, auch Selbstzerstören, das kaum einen anderen Sinn hat als sich selbst durch Scherben und Schmerz eine gewisse Erleichterung zu verschaffen. Dennoch beschädigt ein Mensch auch sich selbst damit, was immer er zerstört.
Oft wird Leid mit dem Weiterreichen von Leid verbunden. Dabei entwickelt sich nicht selten eine eigene Dynamik zerstörerischer Kreativität.

Es gibt so manche Seelenpflaster, doch die Wunden darunter heilen selten so wie bei einem Normalpflaster auf verletzter Haut. Auch wenn es bei vielen Kindern so aussehen mag, dass sie ihr Leid zu vergessen scheinen, sie lachen, hüpfen, spielen, sind manchmal bedrückt, ziehen sich zurück, doch dann bewegen sie sich wieder heiter und scheinbar unbeschwert durchs Leben. Darin sehen Erwachsene dann gern etwas Beruhigendes, das ihnen selbst gut tut, doch das die Kinder und ihr Leid nicht einmal genau wahrnimmt, geschweige denn erkennt.

Bei sexuellen Übergriffen zeigen Erwachsene einen besonders großen Erfindungsreichtum. Sie sprechen von Liebe, Fürsorge, Freundschaft, Schutz und kaschieren damit ihre eigene Begierde. Bis ein Kind dies begreift, begreift, dass es benutzt und missbraucht wurde, kann Zeit vergehen, denn es spürt wirklich manchmal von seiner Seite aus eine falsch verstandene Verbundenheit. Besonders, wenn ein Familienmitglied den Missbrauch begeht, oder wenn es gilt, ein gemeinsames „Geheimnis" zu haben und zu hüten.
Spätere Erkenntnis vertieft die an sich schon unheilbar brennende Wunde, deren Vorhandensein ein Kind vielleicht lange ahnt, mehr und mehr spürt, doch erst später, dann oft jählings, den Missbrauch wie die Manipulation begreift.
Begreift, dass die Begierde des Erwachsenen ein Kind rücksichtslos zu einem Objekt degradierte. Dass es als Kind Mittel zum Zweck gewesen war.
Schwere physische Verletzungen durch Missbrauch oder Vergewaltigung prägen das weitere Leben eines Menschen für immer.

Das Herz mag sein eigenes Gedächtnis besitzen, wie *A. Camus* einst notierte, der Körper besitzt ebenfalls ein solches, das nicht einfach auszutricksen ist.
Selbst das Körpergedächtnis eines Kleinkindes ist schon ausgeprägt und funktioniert weit besser als manchem

Erwachsenen lieb sein mag. Missbrauch hinterlässt stets brennende Wunden, ob darüber gesprochen wird oder geschwiegen. Ob ein Kind bereits das Wort dafür kennt oder nicht. *A. Miller* schrieb dazu Beobachtungen, die auch heute oftmals noch gültig sind, selbst wenn sie durch *Fotografie* dokumentiert wurden: *„Immer wieder wird die Mitschuld eines Kindes gesucht und gefunden. Daher wird nur in extrem brutalen Fällen von Kindesmissbrauch gesprochen und auch das mit Einschränkungen, während das größte Spektrum von seelischen Misshandlungen angezweifelt oder gar geleugnet wird."* (Das verbannte Wissen, S.130)
Derzeit werden viele *Missbrauchstaten* aufgedeckt. *Man* spricht darüber, empört sich, doch schiebt dann die Schuld von sich. Die **„aufgedeckten Fälle"** scheinen dabei nur die Spitze des Eisbergs zu sein. Nach und nach kommen immer mehr Taten und Täter ans Licht.
Entschuldigungen folgen, die mit **„systemischer Art"** halbherzig die Täter schützen sollen. Welches Leid entstand denn dem Täter? Das Leid der Opfer steht selten im Mittelpunkt. Sie verbergen oft, auch heute noch, sich und ihren lebenslangen Schmerz und ihre Scham.

Aus Frankreich wurden, nach langer Recherche über die letzten siebzig Jahre, rund 330.000 sexuelle und sexuell gewalttätige Übergriffe auf *Kinder* öffentlich gemacht, weitgehend verübt von kirchlichen Würdenträgern!
Dreihundertdreißigtausend Kinder! Familiäre Übergriffe nicht einmal dazugerechnet. Als Grund für das lange Schweigen hieß es, dass den Kindern im vergangenen Jahrhundert nicht geglaubt und die Schuld meist bei ihnen gesucht wurde.
Hat je einer **der „Würdenträger" an die Würde des Kindes** gedacht, das er zu seinem Vergnügen missbrauchte? Ja, auch Frauen missbrauchen Kinder, kirchliche Laien- wie Ordensfrauen. Hat eine von ihnen je bedacht, welchen Schaden sie

um der eignen momentanen Lust willen einem Menschen lebenslang zufügte?

Lebenslang Leid für ein Kind - ! Was hatte es denn getan?

Da stellt sich unwillkürlich die Frage:
„*Wurden Kinder schon immer missbraucht*?"
Fanden solche Übergriffe auf Kinder schon im alten Ägypten, im antiken Griechenland oder bei den Inuits, den Inkas oder den Hindus statt oder in den alten chinesischen der japanischen Kulturen? Gehört Kindesmissbrauch seit eh und je quasi zur menschlichen *Kultur*?
Oder ist sexueller Missbrauch ein Phänomen der Neuzeit? Der letzten hundert Jahre? Letzteres wohl kaum.
Gibt es auf diesem Planeten **eine** menschliche Gemeinschaft, in der Kinder geachtet sind und als unantastbar gelten? So wie die *Würde* des Menschen heute als *unantastbar* gilt?
Nur gilt der Mensch deswegen auch als unantastbar?

In diesem niemals eindeutig abgrenzbaren Bereich ent-stehen unendlich viele lebenslange Verletzungen, was nicht nur für Kinder und Jugendliche gilt. Ähnlich ergeht es auch so manchen Frauen, die als Erwachsene missbraucht, geschlagen und gedemütigt wurden und werden, da sie für nicht wenige Männer ein Wesen niederer Klasse sind und somit benutzbar. Auch heute noch.
Kreativität rückt da erst einmal in weite Ferne.

Dennoch schaffen es manche, sich trotz aller Verletzung sozial zu engagieren, sich beruflich empathisch um Erwachsene oder liebevoll um Kinder zu kümmern.
Wo die Achtung vor dem Anderen fehlt, sei dieser Frau, Kind oder Mann, werden immer Wunden gerissen. Dabei geht nicht nur das Urvertrauen in den Menschen verloren, wenn es denn je bestand, sondern generell Vertrauen. Nicht selten leider auch in sich selbst.

Selbst wenn man, wie oft formuliert, lernt, mit der Verletzung zu leben, so erlaubt dies doch keinen ungetrübten Blick mehr auf Welt und Menschen.
Oft bezeugen Familienangehörige z.B. von brutal Erschossenen, von politischen Gefangenen dies und leben aus einem mächtigen Überlebenswillen heraus, nicht etwa um sich zu rächen, sondern um die Erinnerung wach zu halten und weiterzureichen. Ein Unbeteiligter hingegen vergisst das Leid des Nachbarn gern und meist schnell. Fremdes Leid lässt sich ausklammern, existiert nicht im eigenen… Leben? Haus? Land?

Es gibt durchaus Kinder, nicht nur vereinzelt, die eine liebevolle, sichere Kindheit haben und sich zu harmonischen Persönlichkeiten entwickeln. Eine solche Kindheit ist unbestritten *möglich.* Damit auch ein offener und erwartungsvoller Blick auf Leben und Menschen.
Für sehr viele Kinder jedoch gilt dies nicht, und zwar sowohl in reichen wie in armen Ländern. Dagegen werden Erwachsene häufiger im Laufe ihres Lebens schwer bis weniger schwer verletzt. Wohl immer verletzen auch hier Erwachsene.

Keine Naturkatastrophe verwundet so tief wie der Mensch den Menschen, wenn er dem Anderen *bewusst* und willentlich Schaden oder Leid zufügt. Manchmal schmerzen selbst klein wirkende, vielleicht sogar unbewusst, unachtsam zugefügte Verletzungen noch nach Jahrzehnten.

Da bekannte eine 88jährige Frau mehr als 20 Jahre nach dem Tod ihres zweiten Ehemannes, dass keiner der beiden Männer ihr je gesagt habe, er hätte gern ein Kind mit ihr gehabt. Sie bekam ihre Kinder also nur deshalb, weil sie sie wollte? Diese späte Erkenntnis traf sie tief. Ein herber Wermutstropfen, rückblickend. Was war, was ist Glück?
Wo beginnt Leid?

Eine ältere Frau betrachtete im Museum lange ein Gemälde „Mutter mit Kind". Dann schrieb sie eine Notiz, darin warf sie, obwohl seit mehr als dreißig Jahren geschieden, dem einstigen Ehemann vor, dass er sie bei der Geburt ihres ersten gemeinsamen Kindes alleingelassen hatte. Tränen rannen ihr über das Gesicht, als sie dies zornig und tief verletzt in ihrer Kunstgruppe vorlas. Sie hatte es ihm nie sagen können und offensichtlich nie verziehen.
Ein so vehement erinnerter Schmerz kann überall erneut auftauchen. Oftmals unerwartet heftig.

Mit keinem Wort zu fassende Wunden wurden im 20. Jahrhundert durch Ideologien, die Vernichtungslager der Nationalsozialisten wie durch etliche Kriege verursacht. Dies stets auf der Grundlage brutaler Menschenverachtung. Und so sind starke Traumata neben dem Schock der Bombardierung dann Vertreibung, Deportation, Vernichtung ...
Die Lust an Grausamkeit des Einen zerstört den Anderen. *Menschen* sind sie beide.

Es gibt wohl keine Möglichkeit, Leid zu „verstehen", nur zu überstehen. Die Schritte dorthin sind schwer, erfordern Zeit. Viel Zeit der Stille, der Trauer, zweifelnder Erkenntnis, Zeit für wieder wachsendes Vertrauen.
Aus dem persönlichen Leid eine schöpferische Kraft zu entwickeln, entspringt in erster Instanz wohl dem inneren Vermögen, einer inneren Stärke des Einzelnen. Dabei aktiviert kreatives Tun den vorhandenen Lebenswillen und verstärkt unbewusste Energien.
Offensichtlich ist es die Aktivität, das Tun selbst, in jeder Form, von einfach bis meisterlich kreativ, aus dem Trost erwächst. Heißt das, dass Kreativität Trost sein und schenken kann? Dass die Aktivität selbst tröstet? In gewisser Hinsicht durchaus. Der Mensch gerät dadurch in eine sichere Distanz zu sich selbst, was der Seele Atem verschafft und dem Schmerz „Kühlung".

Naturkatastrophen geschehen.
Kinder oder Partner misshandeln, physische Verletzungen zufügen, statt mit einander zu reden, Demütigung, Erniedrigung, Verhöhnen oder Diffamieren, dazu braucht es den Willen eines Menschen.
Die oft **hilflose und doch so berechtigte Frage „Warum"** findet keine Antwort. Und selbst wenn sie eindeutig beantwortet werden könnte, bleibt der Grund des Verletzens unverstanden, erklärt und löst dies Leid nicht.
Abstand – Zeit – Suche nach Erleichterung – einfach Mensch sein wollen, sein können – lassen Tränen sich **„umarbeiten"**?

Vielleicht liegt im Verzeihenkönnen etwas hilfreich Tröstendes? Und wäre dies Verzeihenkönnen dann nicht ein kreativer, lindernder, die Lebensenergie stärkender Akt?
Verzeihen ermöglicht **„leichteres Gepäck"**. Erfordert es doch Liebenkönnen, sich selbst und das Leben. Manchmal mit dem **„Mut der Verzweiflung"** Leben und Leichtigkeit, auch für andere, anpeilend.
So ein gütiges Verzeihen ist wohl in sich schöpferisch, denn es öffnet.

Nach dem II. Weltkrieg haben sich viele, sehr viele Menschen gefragt, wie all dies Grauen möglich gewesen war und wie ein Mensch, der überlebt hat, mit seinen inneren und äußeren Verletzungen hat weiterleben können. Außer den Erwachsenen gab es viele Jugendliche und Kinder, viele Kinder, die ihre Eltern verloren, Furchtbares gesehen oder erlebt hatten – haben sie es geschafft, sich im Leben zurechtzufinden? Unbeschadet überstand wohl keiner das Grauen. Dennoch ist der Erfindungsreichtum des menschlichen Lebenswillens außergewöhnlich und grenzt an ein Wunder. Ist er doch offensichtlich die einzige Möglichkeit, nicht am Verlorenen als wichtigster Lebensenergie festzuhalten, sondern kreativ Veränderung als Überlebensstrategie zu begreifen, ohne zu vergessen. Erinnerung spricht ja nicht permanent, sondern in Wellen. Größeren, kleineren.

Im Alter wird die Durchlässigkeit der Vergangenheit in der Gegenwart meist größer.
Seelische Wunden werden eben nur bedingt vergessen, da sie in Bildern wie auch im Körper als komplexe Erinnerung gespeichert sind. Dem, der Traumatisches erlebte, bleiben etliche Bilder des Geschehens, manchmal nur in wesentlichen Fragmenten, die sich aber wie in einem Hologramm wieder zusammenfügen, oft unerwartet ausgelöst durch scheinbar Geringfügiges wie einen Duft, eine heftige oder jähe Berührung, durch den Klang einer Stimme. Vorhersagen lassen sich weder die Reaktion noch der Zeitpunkt.

Erinnerung an erlebtes Leid kann sich lange in und unter dem kreativen Tun verbergen, und dies ist leichter in der Musik als in der Sprache. Oft verwandeln Worte dennoch Erinnerungen zu ergreifenden Geschichten.

Wie weit Leiderinnerungen im Alter in der Musik, der Malerei, in der Bildhauerkunst noch intensiver hervortreten, wie sensibel sie in Klang, Farbe, Gestalt und Wort transzendiert wurden, belegen so manche Werke, die nur im Alter geschaffen werden konnten. Wobei der Begriff *Alter* relativ ist. Etwa Fontanes *Der Stechlin*, Mahlers *Lied von der Erde,* Frida Kahlos Porträt *Diego und ich* aus dem Jahr 1949 oder Giacomettis *l' homme qui marche*.
Dass ein Mensch trotz allem *Liebe* empfinden und schenken kann, gehört wohl zum Reichtum des Lebens. Auch dass er manches, sei es auch nur zeitweilig, sicher aber bei kreativer Arbeit vergessen kann, ist eines der großartigen Geschenke der Natur. Dass er verzeihen kann, ist wohl so etwa wie Gnade und ein Zeichen umfassender, weiser Menschlichkeit.

Wenn schon jemand rein körperliche Wunden noch nach Jahrzehnten hin und wieder spürt, um wie Vieles mehr dann die feineren psychisch komplexen Wunden? Dennoch sind auch diese nicht ständig bewusst gegenwärtig, sonst könnte ein Mensch irgendwann nicht weiterleben. Kreativität kreist daher auch nicht ständig um die Verletzung selbst. Sie schafft, aus ihr schöpfend und sie dabei zugleich übersteigend, meist neuen Raum für farbiges Leben, für Kunst und Sensibilität.

Es stellen sich jedoch noch ein paar Fragen:
Was *im Menschen* rechtfertigt es zu irgendeinem Zeitpunkt, einem anderen Menschen willentlich Verletzungen zuzufügen?
Das Leben selbst verursacht im Menschen bereits Leid durch Krankheit, Tod, Verlust. Wäre das nicht genug?
Braucht es da noch Verletzungen durch Krieg, Missbrauch, durch Gewalt? Und ist nicht gerade das Überbewerten von Technik die Achillesferse des heutigen Menschen? Sicher des zukünftigen?
Technik besitzt nur ein sehr begrenz kreatives Potential, eben nur das, was ihr programmiert wird. Rein aus sich selbst ist sie fantasielos.
Verletzbar ist der Mensch auf allen Ebenen, selbst auf der technischen. Oft ist nicht einmal mehr eindeutig, ob digital verursachte Verletzungen von einem K.I.-Bot oder einem Mensch herrühren. So entwickeln sich also durch stets perfektere Technik neue und zum Teil schwerer erkennbare Formen psychischer Wunden, gerade bei Kindern und Jugendlichen. Diese Gruppen wären aber gerade zu schützen.
Dass sich gegen und durch wachsende Anonymität in digitalen Raum andere Kunst entwickeln wird, auch eine andere Sprache der Kunst, ist verständlich und erwartbar. Die Grundtendenz aber, dass der Mensch Verletzungen kreativ übersetzen kann, bleibt davon unberührt.

Der Mensch ist in sich ein komplexes Wesen, das die technische Ebene von seiner Gesamtheit abspalten kann, in allen Artefakten und sicher in der *Künstlichen Intelligenz*. Sie sollte daher eine künstliche bleiben und nicht in Konkurrenz zum Menschen treten, was aber längst geschieht. Ist dies wirklich gewollt? Wenn junge Menschen dahingehend ausgebildet werden, dass Technik die höchste Form menschlichen Denkens und Daseins, menschlicher Kreativität und Kommunikation sei, dann wird ihnen in ihrer Jugend bereits vermittelt, dass Menschlichkeit gegenüber Technik zweitrangig ist.
Auf diese Weise lassen sich Diktaturen unterschiedlichster Art leicht errichten und festigen.
Kreative Menschen jedoch werden es schwerer und schwerer haben. Der Beginn wurde längst gemacht.

Schmerzhaft bis persönlich verletzend kann sich *das Mitteilen von Leid* für den Anderen auswirken, etwa für den Partner, das Kind, den Freund, die Freundin. Was ein Vertrauensbeweis sein sollte, kann so ungewollt manch psychische Wunde reißen.
Sollte der Andere das mitgeteilte Leid überhaupt mittragen müssen? Können?

Ein junges Mädchen wurde mit 15 Jahren von ihrem Arbeitgeber vergewaltigt und drei Jahre lang missbraucht.
Als die nichts ahnenden Eltern sie dann in eine arrangierte Ehe zwangen, hielt sie es für richtig, sich ihrem Ehemann anzuvertrauen, da sie seine ehrliche Liebe sah. Sie erklärte ihm, warum sie ihn nicht so lieben könne, wie er sie liebe. Ein Schock, den er nie verwand. Nur wenige Jahre später, in denen er noch auf eine Art von Gegenliebe hoffte, nahm er sich das Leben.
Unbeantwortet blieben zwei Fragen: *Hätte er dies Leid erfahren müssen? Und hätte sie mit dem Schweigen leben können?*

Kann, ja darf von einem anderen Mensch erwartet werden, dass er oder sie das Leid mitträgt?
Ist nur Schweigen oder ein empathisches und liebevolles *Mittragen* von Leid möglich, da Leid selbst nicht teilbar ist? Keine Emotion ist je teilbar, nur mitteilbar. Daher sind die tröstenden Worte, *geteiltes Leid sei halbes Leid*, in gewisser Weise ein Trugschluss. Mitgeteiltes Leid ist sicher leichter zu tragen. Dennoch bleibt es dem, dem es geschah, als bittere Erfahrung und färbt seinen Blick auf die Welt. Jeder Mensch bleibt in seinem Inneren mit seinem Leid allein. Auch Liebe kann Leid nicht ungeschehen machen oder es „halbieren". Jedoch kann sie es umarmen und so einen Schutz bilden, für beide Menschen.
Selbst in einer Gemeinschaft von Leiderfahrenen bleibt die Tiefe des Leides eine persönliche. Auch wenn man weiß, dass andere ähnliches erlitten.

„Der Schmerz geschah nur mir allein.
Die Sonne, sie scheint allgemein."

So schrieb der Dichter *F. Rückert* in seinen *Kindertotenliedern*. Beim Hören dieser von *G. Mahler* ausnehmend zart vertonten Lieder scheint es geradezu natürlich, Leid kreativ zu übersetzen, ihm einen Klang, eine Stimme zu verleihen. Ein derart gesungenes Leid vermag in seinen Dimensionen wie eine Umarmung zu trösten.

Es gibt etliche Untersuchungen bei Kindern, nicht nur von Überlebenden des Holocaust, wie sehr die Traumata von Nahestehenden der kindlichen Unbekümmertheit ein frühes Ende setzen können, da viel Leid wortlos *mitgeteilt* wird, meist ohne es zu wollen. Das Leid vieler Kinder, vor allem der nach einem Krieg geborenen, besteht zum Großteil in ihrer eigenen Hilflosigkeit den betroffenen Erwachsenen gegenüber.

So erlebte eine Zwölfjährige, die in einem Buch über die ersten offiziellen Abtreibungen in Deutschland las, wie ihre Mutter jäh in Tränen ausbrach, als sie dies sah. Die Tochter erfuhr deren tragische Geschichte, nicht im Detail, von Vergewaltigung, jahrelangem Missbrauch und erzwungener Abtreibung. Dies Mitteilen mochte der Mutter ein wenig Atem geschenkt haben, die Tochter jedoch bewegte das Leid ihrer Mutter lebenslang, da sie es ihr nicht abnehmen konnte.
Bei Kindern wie Erwachsenen, die **„im ganz normalen Alltag"** geschlagen, gedemütigt oder missbraucht wurden, dürfte dies sehr ähnlich sein. Erlittenes, lautlos getragenes Leid ist für nachfolgende Generationen nicht aufzulösen.
Welcher Trost wäre denn möglich?

Flucht und Heimatverlust sind für viele Menschen dieser Welt, sicher für Kinder, ebenfalls bleibendes Leid, vor allem, wenn dies durch Krieg verursacht wurde. Dennoch können sie im Älterwerden eher über einen solchen Verlust sprechen als etwa Kinder, deren Eltern durch direkte menschliche Gewalt gelitten haben oder umkamen.
Leid und Linderung, beides braucht Zeit. Viel Zeit!
Mit wachsender Distanz zu den eigenen traumatischen Ereignissen scheinen diese sich im Menschen zu *verbergen,* um ihm ein Weiterleben zu ermöglichen.
An der Schwelle zum Alter jedoch können sie hin und wieder mit besonderer Helligkeit zurückkehren.
Manches Spätwerk widerspiegelt erlittenes Leid, anderes ist von Melancholie, nicht selten jedoch auch von leisem Humor oder Ironie geprägt.

Kunst, auch das Schreiben, kann also ein vortreffliches Mittel gegen Leid sein, nur wirklich befreien kann auch ein schöpferischer Mensch sich dadurch kaum. *Das Leid bleibt Teil des gelebten Lebens,* was sich gerade im Spätwerk von Dichtern und Dichterinnen zeigt, um nur einige wenige zu

nennen: *Ossip Mandelstam, Nelly Sachs, Marina Zwetajewa, Rose Ausländer, Heinrich Böll* oder *Paul Celan.*
Kreativität scheint dabei die Verletzung einzuhüllen und in einen Quell umzuwandeln. Wie lange dieser sprudelt, ob er sich je erschöpft, entzieht sich menschlichem Wissen und Wollen.

Der Tod eines geliebten Menschen ist ein absoluter Verlust. Er kann mit nichts ungeschehen gemacht werden. Durch die Trauer hindurch zum Leben zurückzufinden, ruft viele Emotionen auf, von Verlassenheit bis zu dankbarer Liebe. Vollständiges Verdrängen, gar Vergessen des Schmerzes gelingt jedoch höchst selten.
Viktor Frankl hat als Überlebender des Holocaust mit seiner Menschlichkeit vielen Hilfesuchenden den kreativen Weg des *Umdenkens* gezeigt, der ein Weiterleben erlaubt, eben durch das Umpolen leidvoller Gedanken. So fragte er einmal einen alten Mann, der am Tod seiner Frau zu zerbrechen drohte, wie seine Frau denn mit *seinem* Tod umgegangen wäre. Der Mann erwiderte: „Sie hätte ihn nicht überlebt." Und *Frankl* tröstete ihn mit dem Wort: „Sehen Sie, und das haben Sie ihr erspart."
Dem Leid eine andere Richtung zu geben, einerseits dankbar zu sein für die gemeinsam erlebte, oft von Liebe erfüllte Zeit, andererseits durch reale Aktivität das Leid ein wenig von sich abzuhalten, also es *in Ruhe zu lassen*, kann neue Räume öffnen, in denen Transformation wie etwa biografisches Erzählen in einer zukünftigen Gegenwart möglich wird.
Weiterleben wird dann neben allem Verlust zu einem Geschenk.
Im Rückblick auf das eigene Leben geht es meistens um eine ordnende und wägende Zusammenschau aller Erfahrungen, in die Verletzungen und Leid eingebunden sind. Und so schrieb *Luise Rinser* im Alter von 85 Jahren: *„Kann ich sagen, mein Leben sei Leid gewesen? Nein, nein. Es war schwer, aber es*

war reich, und es gab Glückszeiten. Es gab? Es gibt." (Rinser, Kunst des …)

Amos Oz hat nach einem schöpferisch reichen Leben erst mit Anfang sechzig das Leben seiner Eltern und damit auch jenen Teil der eigenen verlustreichen Kindheit in einem biografischen Roman aufzuschreiben vermocht. Er schloss dies Werk mit dem Nicht-mehr-Erwachen der Mutter, während im Feigenbaum vor dem Fenster ein Vogel sie ruft und ruft, vergebens ruft.

Vielleicht zeigt sich in diesem Vogelruf so etwas wie die, wenngleich nicht immer heilende, so doch tröstende Kraft der Natur wie der Musik, die von allen Künsten wohl die versöhnlichste ist. Es braucht oftmals nicht nur viel zeitliche Distanz zum Erlebten, sondern auch einen offenen Klangraum, damit man in sich neu hineinhört. Denn der Schmerz einer Wunde kann die persönliche komplexe Energie weit übersteigen. *Van Gogh* ist sicher ein Beispiel von vielen.
V. Woolf, P. Levi oder *J. Améry, Paul Celan,* um nur einige zu nennen, scheiterten in den Augen der Welt „**am Leben**", eigentlich aber am Menschen und dessen Grausamkeit. Sie hinterließen den Menschen trotz allen großartige und hochsensible Werke.
Jeder Mensch schöpft meist aus dem, was er erlebte und dem, was er erhofft oder erträumt. Doch schaffen Musiker, Schriftsteller, Maller und Bildhauer ihre Werke aus unterschiedlich großer Distanz zu Vergangenheit und Zukunft.

„Die Tiefe der Wunde bestimmt die Kraft des Erzählens" –
ob in Europa, Afrika, China oder Russland, ob in Nord- und Südamerika, weltweit bestimmt sie auch die mögliche Tiefe menschlicher Beziehungen und emotionaler wie geistiger Offenheit. Und – sie bestimmt die Leichtigkeit des in der Welt Seins. Oft sogar proportional zur Wunde.
Oberflächlichkeit ist da nicht gefragt.

Glücklich der, dem der kreative Weg trotz allem in ein erfülltes Leben gelingt und dem dazu noch das Talent mitgegeben wurde.

Kreativität jenseits von Literatur und Kunst gibt es überall im Leben. Eine sehr besondere, den gesamten Menschen umfassende Kreativität ist das *Gärtnern*. Durch die wirklich physische Arbeit begibt sich der Geist aus der Nähe der Verletzung und konzentriert sich auf das Zusammenspiel von Natur, Neuem und ästhetisch Schönem. Ein Mensch, der mit der Natur Kontakt aufnimmt, öffnet sich direkt deren heilenden Kräften, die das Leid wie mit liebevollen Händen umschließen. So wird es eingebettet und geborgen in der Natur. Der Mensch verspürt nach und nach wieder eine gewisse Leichtigkeit und *weiß* sich mit seinem Leid stets mehr vom *Leben* getragen. Gerade in und mit der Natur zu arbeiten, lässt den Menschen etwas von dem begreifen, was ihn mit allem Lebendigen verbindet und somit natürliche Grundlage seiner Existenz ist. Auch macht der Umgang mit der Natur den Menschen sensibler für den Anderen wie für Leichtigkeit und Schönheit, die ebenfalls zum Leben gehlren. Sein eigener Leid-Mittelpunkt verliert an Gewicht.

Von allen Künsten lebt Schreiben in größter Nähe zur Vergangenheit, zum Leid, zur Wunde - und damit zur menschlichen Unvollkommenheit, doch auch zur Hoffnung.

Wie auch immer das Schöpferische des Menschen aussehen und sich entwickeln mag, es ist seine wie des Lebens größte innere Energiequelle.

Damit meint ein kreatives, trotz aller Wunden erfülltes Leben eben nicht nur *Kunst*, es meint vor allem *Lebenskunst*.

Oktober 2021

Literatur

Améry, Jean: Hand an sich legen. Diskurs über den Freitod. Verlag Klett-Cotta 1976

Arendt, Hannah: Vom Lebend des Geistes. Bd.1 – Das Denken. Piper Verlag 1977

Arendt, Hannah: Vom Leben des Geistes. Bd.2 – Das Wollen. Piper Verlang 1978

Asimov, Isaac: Veränderungen - 71 Aspekte der Zukunft. W. Heyne Verlag München 1981

Bender, W. /Gerber, U.: Die selbstgestrickte Schöpfung. Quell-Verlag Stuttgart 1990

Böll, Heinrich: Die verlorene Ehre der Katharina Blum. dtv tb 1976

Camus, Albert: Der Mensch in der Revolte. Rowohlt Verlag Hamburg 1969

Focke, Wenda: Geliebt und gefürchtet. Die Väter von Michelangelo und Kafka. Hartung-Gorre Verlag Konstanz, 2014

Frankl, Viktor: … **trotzdem Ja zum Leben sagen. dtv 1986**

Gogh, Vincent van: Van Gogh in seinen Briefen. Insel-Verlag 1977

Horváth, Ödön von: Jugend ohne Gott. Suhrkamp tb 1994

Jaspers, Karl: Die Schuldfrage. Serie Piper 1987

Kafka, Franz: Brief an den Vater. Vitalis - Deutscher Buchverlag Prag 1996

Keilson, Hans: Sequenzielle Traumatisierung. Deskriptiv-klinische und quantitativ-statistische Follow Up Untersuchungen zum Schicksal der jüdischen Kriegswaisen. Psychosozial Verlag Gießen 2001

Levi, Primo: Ist das ein Mensch? Fischer tb 1961

Levi, Primo: Atempause - Eine Nachkriegsodyssee. Fischer tb 1982

Liessmann, Konrad Paul: Tun uns schwer, die Pandemie als Pandemie zu begreifen. Dlf: Aus Kultur und Gesellschaft. 25.1.2021

Meurs, Arend van: 1 week buitenspel. Uitg. Stichting Nederlands Instituut voor Kinderen, Den Haag 1972
Miller, Alice: Das verbannte Wissen. Suhrkamp tb 1990
Neumann, Erich: Die Psyche als Ort der Gestaltung. Drei Eranos-Vorträge. Geist und Psyche Fischer tb 1992
Niederland, William G.: Trauma und Kreativität. (Hrsg. Wenda Focke) Nexus Verlag 1989
Oz, Amos: Das Schweigen des Himmels - über S. J. Agnon Jüdischer Verlag im Suhrkamp Verlag 1998
Oz, Amos: Een verhaal van liefde en duisternis. De Bezige Bij Amsterdam 2005
Plath, Sylvia: Die Glasglocke. Suhrkamp Verlag 1985
Popper, Karl: Alles Leben ist Problemlösen. Serie Piper 1996
Rinser, Luise: Kunst des Schattenspiels. 1994-1997. S. Fischer Verlag 1997
Vestdijk, Simon: Het wezen van de angst. De Bezige Bij. Amsterdam 1979
Weizenbaum, Joseph: Sind Computer die besseren Menschen? Serie Piper 1990

Bücher von Wenda Focke im Hartung-Gorre Verlag
http://www.hartung-gorre.de/Focke.htm

Wenda Focke, **Ist Krieg normal? oder: Quo vadis, homo sapiens?**
Dringliche Fragen
1. Aufl. 2020; 94 Seiten, € 18,00. ISBN 978-3-86628-679-5

Wenda Focke, **Der Wert des Menschen – ein Traum?**
Essay
1. Aufl. 2018; 60 Seiten, € 16,00. ISBN 978-3-86628-616-0

Wenda Focke, **geliebt und gefürchtet.** Über den Einfluss der Väter auf die Kreativität von Michelangelo Buonarotti und Franz Kafka
1. Aufl, 2015; 142 Seiten, € 18,00. ISBN 978-3-86628-555-2

Wenda Focke, **Endlichkeit schenkt größte Freiheit.**
Essays
1. Aufl. 2014. 188 S., €18,00. ISBN 978-3-86628-490-6

Wenda Focke , **Diese Demenz muss nicht sein**.
Ein Essay.
1. Aufl. 2011. 132 S., € 14,80. ISBN 978-3-86628-407-4

Wenda Focke, **Diese uralte besungene Welt. Fré Focke** — Komponist und Pianist. Skizzen eines Künstlerlebens
1. Aufl. 2010. 156 S., € 24,00. ISBN 978-3-86628-356-5

Wenda Focke, **Goldstaub vom Weltenspiegel der Erfahrungen.**
Russische Poeten im 20. Jahrhundert. Boris Pasternak, Marina Zwetajewa, Ossip Mandelstam, Anna Achmatowa , Joseph Brodsky.
1. Aufl. 2009. 230 S., € 24,00. ISBN 978-3-86628-290-2

Wenda Focke, **... und hat keinen Namen.** Gedichte. 2007 - 2008
1. Auflage 2009. 80 Seiten, € 9,95. ISBN 978-3-86628-267-4

Wenda Focke, **Dieses Wunder voller Leben.**
4 Essays über Virtualität versus Wirklichkeit. Mein Körper und Ich – eine Freundschaft? Körpererinnerungen. Universale Körpersprache.
1. Auflage 2008, 150 Seiten; € 16,00. ISBN 3-86628-224-9

Wenda Focke, **... dies Hoffnungsfremdland ...**
Leben und Werk von Heinrich Mann, Klaus Mann, Elisabeth Kübler-Ross, Annemarie Schimmel, Susan Sontag, Sándor Márai, Antoine de Saint-Exupéry.
1. Auflage 2007, 178 Seiten; € 16,00. ISBN 3-86628-175-7

Wenda Focke, **Die zerbrechliche Welt der menschlichen Angelegenheiten.**
Über Leben und Alterswerk der europäischen Schriftstellerinnen Ricarda Huch, Virginia Woolf, Tania Karen Blixen, Marina Zwetajewa, Vittoria Colonna, Marguerite Yourcenar, Hannah Arendt, Simone de Beauvoir, Ingeborg Bachmann, Grete Weil.
1. Auflage 2005, 302 Seiten; € 19,80. ISBN 3-86628-038-X

Wenda Focke, **Rainer Maria Rilke - schwerelos irdisch.**
Drei Essays über Lou Andreas-Salomé, Marina Zwetajewa, seine Engel.
1. Auflage 2005, 84 Seiten; € 14,80. ISBN 3-89649-984-X

Wenda Focke, **Traumlandschaften.**
Über die Träume blind geborener älterer Menschen.
1. Auflage 1999, 128 Seiten. € 14,83. ISBN 978-3-89649-433-7

Wenda Focke, **Begegnung**.
Herta Seidemann. Psychiatrin-Neurologin. 1900-1984.
1. Auflage 1986. 284 Seiten, € 19,80. ISBN 978-3-89191-073-3

Wenda Focke, **Barfuss nach Oudenaarde**.
Brief-Essays an Jean Améry.
1. Auflage 1984, 188 Seiten. € 12,78. 978-3-923200-30-6